Reiner Wein - (W)Einkaufsführer im normal-neurotischen Alltagsleben

Über 300 Empfehlungen zu Weinen aus dem Fachhandel, SB-Warenhaus, Kaufhaus, Supermarkt, Discounter, Internet und Bürofachmarkt

Reiner Wein

(W)Einkaufsführer im normal-neurotischen Alltagsleben

Über 300 Empfehlungen zu Weinen aus dem Fachhandel, SB-Warenhaus, Kaufhaus, Supermarkt, Discounter, Internet und Bürofachmarkt

Anhang: Übersichtstabelle aller verkosteten Weine

Wunder gibt es immer wieder.

Zwischen Rotationsrasierern und Jeanshosen lacht uns der Naumachos an, von einem bedeutenden Weinguide hat dieser Wein zwei von drei möglichen Weingläsern als Auszeichnung erhalten. Und nun lacht uns dieser Wein bei einem bekannten Discounter für 6,99 Euro an, im Fachhandel kostet er mindestens 9,99 Euro, da muss man doch zugreifen, oder? Einziges Problem, der Erzeuger selber weiß auf Nachfragen gar nicht, dass sein Wein bei diesem Discounter verkauft wird, er kann sich erinnern, dass ein deutscher Gastronom 50.000 Flaschen haben wollte, er jedoch nur 4.000 liefern konnte. Irgendjemand hat also einen wundersamen Wege der Weinvermehrung gefunden und den Wein für 3.50 Euro an den Discounter geliefert. Und trotzdem fand dieser Wein bei bekannten Sommeliers und Weinguides hervorragende Bewertungen. Der Wein des Discounters ließ jegliche Andeutungen von Geschmack und Bukett vermissen. Nach tieferen Recherchen erfährt man, dass von diesem Wein lediglich eine Probe verkostet wurde, und diese auch nur als „verkehrsfähig" eingestuft wurde (FAZ 2008).
Die Verblendung ist nicht auf ein Land beschränkt, jeder dritte französische Wein verdient laut einer aktuellen Einschätzung des französischen Verbraucherschutzverbandes sein Qualitätssiegel nicht.
Wem kann man also noch trauen?
Wer kann schon bei dieser immensen Vielfalt von Weinen den Überblick behalten. Nicht nur diese ungeheure Quantität macht zu schaffen, auch werden einem keine Eigenschaften garantiert, auf die man sich verlassen kann. Regeln, die woanders beim Kauf gelten, finden hier keine Anwendung. Man kann sich nicht auf Preis, Etiketten oder Namen verlassen.
Auch Aussagen, wie z.B. „gute Weine müssen teuer sein", oder der Kauf in Abhängigkeit von der Attraktivität der Etiketten bringt einen nicht weiter. Auf die Informationen auf den Rückenetiketten kann man verzichten, sie liefern höchstens Grund zum Schmunzeln, angesichts von Rechtschreibfehlern und extremen Superlativen bei der Beschreibung von einfachen Weinen. Fakt ist, gute Weine müssen nicht teuer sein, und teure Weine müssen nicht zwingend gut

3

sein. Meine Erfahrung mit dem Mouton Rothschild 1991 war eine Enttäuschung, der 1999 dagegen war superb. Ein Glücksspiel mit hohen Einsätzen.

Welchen Wein kann ich als Begleiter zum Picknick oder zu einfachen Alltagsgerichten nehmen, und welchen kann ich für ein romantisches Dinner oder für besondere Anlässe verwenden? Welchen Wein kann ich solo trinken, und gibt es wirklich gute Weine im Supermarkt?

Ihr Nutzen! Hier finden Sie Antworten! In dem vorliegenden (W)Einkaufsführer wird auch der Fachhandel kritisch unter die Lupe genommen. Des Weiteren verkostete ich viele Weine eines bekannten Kaufhauses, das in fast jeder Stadt anzufinden ist und beziehe gängige Supermärkte in meine Analyse mit ein. Denn was bringt es mir, wenn in Büchern oder Weinzeitschriften der überwiegenden Teil der Weine beim Winzer oder in kleinen Weinhandlungen zu bestellen sind. Sie finden in diesem (W)Einkaufsführer auch Beurteilungen exklusiverer Spitzen-Weine.

Ich besitze zwar keinen Weinberg, nur zwei Weinstöcke, aber mein Wissen ist mit Liebe, autodidaktisch, und über viele Jahre und viele Flaschen Wein erworben und gereift. Es sind die Aufzeichnungen von Jemandem, der irgendwann genauso ratlos vor einem stetig wachsenden Weinsortiment stand wie auch Sie, der sich dies nicht gefallen ließ, den Wein-Dschungel durchforstete, und Massen von guten und von schlechten Weinen verkostet hat.

Ich werde keine Floskeln, wie z.B. „der Wein schmeckt ein bisschen nach einem nassen Sattel nach einem luxuriösen Ausritt" verwenden. Die Notizen sind zum Großteil auf Rotweine bezogen, aber Weißweine und diverse Champagner werden selbstverständlich auch von mir beschrieben. Die einzelnen Verkostungen und Empfehlungen für den Weinkauf sind in meinen normal-neurotischen Alltag eingebunden, denn was ist eigentlich schon normal. Nach der Lektüre sollte es Ihnen nicht mehr passieren dass Sie einen 20 Euro teuren, weißen Bordeaux in die Boullabaise schütten (müssen), auch wenn die Suppe hiermit immer noch besser schmeckt als mit einem zwei Euro Wein (aber damit geht's auch).

Insgesamt finden Sie hier über 300 schonungslose Beurteilungen und Notizen zu Weinen aus den verschiedensten Einkaufsstätten, über die Sie sich zusätzlich im Anhang auf einen Blick Überblick verschaffen können.

Viel Spaß beim Verkosten!

Ihr Peter Longueville

Anmerkungen und Anregungen: peterlongueville@yahoo.de

Karstadt.

Karstadt hat, oder besser gesagt, hatte eine großartige Weinabteilung. Warum hatte, weil auch diese Abteilung dem Wandel unterliegt und Sortimentsstraffungen mit sich führt, doch mehr dazu in dem Kapitel „Karstadt - nach der Umgestaltung". Ich habe schon die interessantesten Preisdifferenzen zwischen den verschiedenen Karstadt Häusern erlebt. In Bremen habe ich mal einen grandiosen **Chateau Leoville Barton 1999** für 35 Euro gekauft, in Braunschweig kostete dieser 55 Euro. Ein opulenter, harmonischer und ungeheuer kraftvoller Bordeaux.

Italien Italien. Ich fahre mit meinen Erkundungen fort, mit einem Spitzen-Wein, der allerdings auch seinen Preis hat, aber die Investition lohnt sich. In einem Weinbuch über die Toskana wird er als „erstklassiger Chianti" erwähnt, aber das ist untertrieben, denn dieser Wein ist es einfach wert, mehr darüber zu schreiben. Der Nase präsentiert sich eine unbändige Duftwoge, welche schon den hervorragenden Geschmack erahnen lässt, dann setzt man an und genießt einfach jeden Tropfen. Der **Badia a Passignano von Antinori** ist ein Wein, der Harmonie und Struktur vereint. Sein wunderschöner, weicher Körper zeigt Charakter mit Individualität. Alles in allem überaus empfehlenswert und sein Geld wert, na ja, vielleicht doch etwas teuer, dieser Italiener kostet über 40 Euro.
Zu meiner Schande muss ich gestehen, dass ich bisher erst einmal in Italien war, in der Toskana, und wer noch nicht da war, sollte unbedingt dorthin. Ich war damals mit einer Jugendgruppe dort, und neben dem ganzen Fun den wir hatten, hat mich die Landschaft in ihren Bann gezogen. Es ist einfach unbeschreiblich im Freien auf Strohballen zu schlafen, die milde Luft zu atmen, die Geräusche um einen herum, die Grillen die zirpen, die Sterne über einem und sonst nichts. Die Freude wird nur etwas getrübt, wenn der Schlafsack nicht ganz zugehen will und wer schon mal eine Nacht im Kalten verbracht hat, der weiß, was das bedeutet, da hilft es auch nischt mehr wenn man vorher einiges an Wein verkostet hat.

Darauf verkoste ich noch im Nachhinein erst mal ein Dreigespann an Chianti Classico Weinen, alle in der leicht gehobenen Preiskategorie von 15 Euro. **Peppoli von Antinori, Ruffino Reserva Ducale und der Poggio Bonelli** stehen vor mir. Der erste Eindruck, sie sind sich relativ ähnlich. Es sind saubere, sichere und anständige Weine mit einer schönen Frucht, subtiler Eleganz, nicht so sehr körperbetont, aber mit tollem Geschmack. Sie sind ausgewogenen im Geschmack und wirklich hervorragende Beispiele für harmonische, typische Chiantis. Dennoch finde ich diese Chiantis nicht für ein Festmahl oder für einen romantischen Nachtisch geeignet, wohl aber für eine kraftvollere Mahlzeit.

Ausgleichende Gerechtigkeit für die drei guten Chiantis stellt die folgende Verkostung dar. Ein herber Verlust ist für mich, 40 Euro für einen Wein zu bezahlen, den man in den Ausguss schüttet. Die Etikettentrinker spricht der **Modus von Ruffino** sofort an, ein rot-orange-farbener Stern eingebettet in einem Mondphasendiagramm, auf dunkelblauem Hintergrund, Schrift in Gold. Aber jetzt kommt der Pferdefuß, und was für einer, der Wein ist entkorkt, und ich bete, dass er anders schmeckt als er riecht, doch dass ist nicht der Fall. Also da fällt mir doch echt eine Nadel aus dem Bund. Heiliger Bimbam, meine einzige Erklärung ist, dass dieser Wein oxidiert ist, umgekippt und somit ungenießbar, denn das ist es, was er ist: ungenießbar. Er riecht und schmeckt wie Sherry, also als gekühlter Aperitif wäre er durchgegangen, aber nicht als Wein. Eigentlich müsste ich noch eine Flasche kaufen, um zu prüfen ob er wirklich oxidiert war oder tatsächlich so schmecken soll.

Dann bleiben wir doch einfach mal bei teuren Reinfällen, the next one, **Brunello di Montalcino,** gleiche Preiskategorie. Ich frage mich, wie lange ich so was noch mit machen kann, also mein Buch muss sich schon gut verkaufen, damit ich die Kohle wieder rein bekomme. Dieser Brunello hat einfach keinen Charakter, ist zu simple gestrickt und dabei noch unausgeglichen bei einem leicht grasigen Geschmack. Als Begleiter zum Essen kann man ihn leicht gekühlt trinken, aber wenn ich die Wahl hätte, würde ich einen der drei eben angesprochenen Chiantis bevorzugen, die sind eigenständiger und mit einer schönen fruchtigen Note versehen.

Heute steht mir ein Wein vom gestrigen Tag zur Verfügung, den ich während des metaphysischen Films „lost in translation" entgegen meiner Erwartung nicht ganz geschafft habe. Der Soundtrack passt zum Film, transzendent, melancholisch und sanft. Und an alte Zeiten erinnerte mich der Song „just like honey" von Jesus and Mary Chain. der Camigliano Rosso die Montalcino schmeckt aber leider nicht wie Honig, eher wie die Wabe, etwas knöchern. Er weist zwar einen eigenständigen Charakter mit einem reifen Fruchtduft auf, womit wir keinen Wein von der Stange im Glas haben, aber er ist noch zu hart, zu grün. Der muss sich noch entwickeln und etwas weicher werden, so wie er jetzt ist, kann ich ihn zum Essen als Begleiter ganz gut verwenden aber nicht als gemütlichen Wein am Abend.

Die nächsten zwei Roten von Ruffino sind tadellos sauber und grundehrlich. **Rosso di Montalcino und Lodola Nuevo Vino Nobile de Montepulciano.** Der Verwendungszweck ist bei beiden das einfache Essen, für gehobenere Ansprüche sind sie noch zu rau und grün. Aber im Sommer als erfrischender Rotwein für ein Picknick sind beide gut vorstellbar, nur leider sind sie dafür mit rund 10 Euro etwas zu teuer. Da kann man viel besser einen schönen Beaujolais nehmen oder andere einfache Weine, die ich in späteren Kapiteln noch besprechen werde (wer hier nicht abwarten kann, der schaut einfach in die Bewertung im Anhang).

Und jetzt kommt ein Leckerbissen, der **Peperino von Teruzzi & Puthod,** die pro Jahr über eine Millionen Flaschen Wein herstellen, Weißen und Roten. Der Weißwein ist weitaus häufiger anzutreffen, auch außerhalb Karstadts, wie z.B. bei Edeka. Der Peperino (rot natürlich) hat ein nach reifen Kirschen duftendes Bukett, kombiniert mit einem fruchtigen Geschmack ergibt dies einen eigenständigen Wein mit einem voluminösen Körper. Dieser Wein bereitet ungeheure, bezahlbare Freude.

Bleiben wir noch ein bisschen bei den Italienern. Den **Masi von Campo Fiorin** gibt es auch noch eine Billigversion. Der Masi vor mir kostet zehn Euro und präsentiert sich leider wie viele Weine in dieser Preisklasse. Ein einfacher, junger frischer Wein, leicht spritzig, gut zum Essen geeignet, mehr nicht. Das Bukett ist allerdings interessant, denn es kommt ein schwaches Pflaumen-im-Speckmantel Aroma daher, und schaut man auf das Rückenetikett sieht man auch woran das liegt. Dieses, uns von einer Weinklassifizierung namens Amarone her bekannte, Bukett kommt vom Anteil der Veronese Trauben, die semi-dried sind. Es handelt sich um an der Luft getrocknete Trauben, die einschrumpeln und somit eine hohe Zuckerkonzentration aufweisen. Wahrscheinlich wird dies Verfahren heute auch nicht mehr so wirklich wie in den Ursprüngen praktiziert, aber so steht es noch auf den Etiketten.

So müssten eigentlich alle Montage enden. Es ist frisch aber nicht kalt, die Vögel singen, ein Eichhörnchen (ein Rotes und kein Graues, welches die Roten in manchen Städten schon vertrieben hat) klettert die Fichte in unserem Garten rauf und runter, die ersten Blumen zeigen sich und ich trinke einen Darjeeling in Between. Welcher Rotwein würde also zu einer solchen Situation am besten passen? Ich habe mich für einen Wein von Antinori entschieden, Villa Antinori. Die Antinori Weine sind im deutschen Lebensmittelhandel weit verbreitet. Es handelt sich hierbei zwar auch um einen einfacheren Wein im Vergleich zu den anderen Weinen von Antinori, aber vom Preis her ist er doch schon ordentlich, für 14 Euro erwarte ich eigentlich mehr von einem Wein. Der **Villa Antinori** weist einen gefälligen Stil auf, ein sauberer, gut gemachter Tropfen aus der Toskana. Ähnlich wie bei den Weinen von Ruffino ist man von diesen Gütern einen gewissen Standard an Qualität gewohnt. Die Verbindung von Standard, Qualität und Massenware führt uns aber in die Mittelklasse, dieser Wein wäre folglich ein Golf unter den Autos. Durchaus ein Gefährt mit dem man aufwarten kann, er ist allerdings kein Audi oder gar ein Bentley. Ich kann meine Begleitung beim Dinner mit dem Golf zufrieden stellen, durchaus, er ist ein guter und treuer Weggefährte (ich fuhr selber lange Jahre einen), aber ich kann damit nicht entzücken, selbst wenn der Golf noch gepimpt ist, damals sagten wir allerdings aufgemotzt, kann ich damit nur eine bestimmte Zielgruppen beeindrucken, und da ich in diesem Buch nur den normal neurotischen Alltag betrachte und nicht tiefer in die Psychoanalyse einsteige, gehe ich auf diese besondere Zielgruppe auch nicht weiter ein.

Verlassen wir die Automobilbranche und ziehen einen zweiten Kandidaten heran um frohen Mutes in die Woche zu starten. Dem würzigen Bukett des **Le Volte von Orneltaia SPA Bolgheri** steht ein voller, warmer Geschmack mit schön ausbalanciertem Abgang gegenüber. Perfekt ausgewogen der fleischige Geschmack, in dem sich das Tannin harmonisch in die konzentrierte Struktur einfügt.

Da könnte ich eigentlich gleich auch noch den **Promis** aus der Toskana erwähnen, so muss für mich ein Wein sein, er schmeckt einfach nach Wein, trifft man eher selten an, so wie Tomaten nicht immer nach Tomaten schmecken. Aber hier sind alle Kriterien erfüllt, ein empfehlenswerter, körperreicher, intensiver Wein, charaktervoll und einfach yummy. Aber 23 Euro ist schon ziemlich heftig wenn man hier öfter mal eine Flasche aufmachen möchte. Einer meiner Lieblingsweine ist in ausgesuchten Fachhandlungen, z.B. in Essen, Hamburg und auch Braunschweig anzutreffen. Der **Garofoli von Piancarda** ist ein grandioser Wein, der um einiges günstiger als der Promis ist, aber ebenso genussvoll, körperreich und herrlich weinig.

Olé. Weiter geht's mit ein paar Spaniern. Ich finde, wenn man in der Stadt bummelt, bietet es sich an, bei Karstadt vorbei zu schauen und in der Weinabteilung Vorräte aufzustocken. Starten wir mal mit dem **Finca Sobreno** für ca. 9 Euro, aus der Tinta de Toro Traube. Ich mach's kurz und schmerzlos: ein ausdrucksloser Wein, pelzig und zu viel Säure bei nicht existentem Bukett, mehr will ich über diesen Versuch eines Weins gar nicht sagen.

Also die Riojas finde ich ja schon toll, wobei es nicht immer die ehrwürdigen Reservas sein müssen, auch die Crianzas, die nicht so lange im Holzfass lagern, können gut sein. Die Betonung liegt auf können, denn der Rioja **Banda Azul von Paternina**, den unter anderem auch bei real und weiteren bekannten Einkaufsstätten im Sortiment ist, holt einen nicht hinter dem Ofen hervor. Also dieses blaue Band, naaaa, schon wieder ein Bukett als wäre ein Glas Schwarzwälder Kirschen an diesem roten Getränk vorbei geflogen. Man nehme einen Wein mit mittlerem Körper, füge etwas Bukett, etwas Säure und ein paar Tannine hinzu, schon ist ein Massengut kreiert. Hiermit kann man sicher eine Menge Pizza und Pasta kombinieren, kann man, keine Frage, muss man aber nicht. Wirklich besser ist da schon der **Reserva von Paternina,** Der ist durchaus empfehlenswert, ein elegant gereifter Rioja, mildes Bukett und mittlerer Körper, sanft am Gaumen mit einer dezenten Säure, aber er haut einen nicht wirklich um, ein eher unscheinbarer Begleiter zu einem guten Essen der dezent im Hintergrund verweilt.

Zum Abschluss gibt es dafür noch mal ein Schmankerl. **Der Condado de Haza** ist ein fruchtiger, dunkelroter Wein aus Tempranillo Trauben, der sich wirklich sehen lassen kann. Er ist kräftig und von fester Struktur, mit vollem Körper ausgestattet. Es mangelt vielleicht etwas an Eleganz und Samtigkeit, aber dafür gibt es einen eigenständigen Charakter und für mich ist der auf jeden Fall in der Kategorie der empfehlenswerten Weine ganz oben zu finden.

Die so genannte Neue Welt.
Widmen wir uns doch nun mal der so genanten Neuen Welt zu, in einem ersten Schritt dem Napa Valley. Die Weine dieser Region sind oft alkoholreicher und wuchtiger als die Weine aus der Alten Welt. Eine unbändige Duftwoge aus roten Früchten sowie Röst- und Vanillenoten schlug mir bei der Probe des **Raymond Cabernet Sauvignon** (satte 23 Euro) entgegen. Ein kraftvoller Körper, opulent, harmonisch mit einem angenehmen nachhaltigen Geschmack, und da dieser Winter extrem kalt ist, trinke ich den Wein bei der empfohlenen Höchsttemperatur von 20 Grad. Ein Superstart in die Erkundung unbekannten Territoriums, ein Spitzen-Wein aus dem Napa Valley mit viel Eigenständigkeit und herrlich weinig, im Gegensatz zu so einigen kuschelweichen Weinen aus dieser Region im selben Preissegment.

Der **Behringer** schmeckt im Gegensatz zu dem von Raymond wie ein kuschelweiches Plüschhäschen, keine Ecken und keine Kanten werden offenbart, viel zu schmuseweich und charakterlos. Ein Wein der den Massen schmeicheln soll.

Es folgt ein kleiner Abstecher nach Südafrika, also ich war noch nicht da, aber eine Arbeitskollegin schwärmte mir von ihrem Urlaub und den Weinen vor. Der **Paul Sauer Kanonkop** mit satten 14 % Alkohol kann diese positiven Eindrücke nur bestätigen. Er erfreut die Nase mit einer Duftmischung verschiedener roter Beeren vereint mit einer angenehmen Würznote. Ein leichter Schokoladenhauch touchiert den Duft des Kanonkop Paul Sauer mit seinem weichen, angenehm nachhaltigen Geschmack. Zur vollen Entfaltung des Buketts trug sicherlich neben dem Kontakt mit der Umgebung (ich habe ihn mindestens eine Stunde vorher dekantiert) die relativ hohe

Trinktemperatur bedingt durch die Raumtemperatur bei, bedingt durch die eisigen Temperaturen draußen.

Eine einfache Art kalten Wein zu temperieren, einfach unter warmes Wasser für einige Minuten halten, wie warm und wie lange, Fingerspitzengefühl. Auf die Heizung zu stellen ist keine Alternative, denn da hab ich z.B. den Wein dann vergessen, und als ich mich daran erinnerte, uuu, musste ich ihn erst mal wieder kühlen, und das hat ihm gar nicht gefallen. Neben der richtigen Temperatur ist auch das Glas von Bedeutung. Ein schönes Bordeaux oder Burgunder Glas muss sein, damit sich das Bukett optimal entfalten kann, ein zu kleines oder gar ordinäres Ikea-Kerzen-Glas oder Senf-Glas ist hier wirklich fehl am Platz.

Von Kanonkop habe ich gleich drei Weine in der Degustation, hier folgt nun der Zweite. Es ist das typische Bukett welches Cabernet Sauvignon entfaltet, gereift in French Oak. Wenn man also einen schönen, typischen, trinkreifen Wein mit Bordeaux-Style der höheren Klassifizierung verkosten möchte, so kann man auch zu diesem **Kanonkop Cabernet Sauvignon** greifen. Dieser liegt mit seinen 25 Euro zwar auch schon deutlich in der höheren Preiskategorie, aber es lohnt sich allemal. Ein toller Festtagswein.

Stuart Pigott hat diesen Wein in die high end stufe seiner Genussskala eingeordnet, und damit konkurriert er mit Weinen die mindestens fünf mal so teuer sind, Ende nach oben offen. Die Rede ist von dem **Pinotage von Kanonkop**. Für 25 Euro wird einem hier ein herrlicher Wein geboten, der diesmal, Abwechslung tut gut, mal nicht bestimmend aus der Cabernet Sauvignon Traube besteht, sondern halt aus der Pinotage. Und was für ein Bukett, eine nahezu unbändige Duftwoge aus verschiedenen roten Beerenarten untermalt von einem betörenden Bananenduft strömt einem opulent entgegen. Perfekt ausgewogener Geschmack, in dem sich das sanfte Tannin harmonisch in die hoch konzentrierte Struktur einfügt. Rotes Ambrosia, majestätisch.

Bleiben wir noch ein bisschen in Südafrika. Ein weiterer Vertreter aus der Region Stellenbosch ist der **Rust en Vrede von Jan Pieter** Engelbrecht. Man kann ihm zumindest ein gewisses Maß an Charakter und Komplexität nicht absprechen, aber ich würde die Weine von Kanonkop vorziehen, diese liegen im Gesamturteil ganz klar vorne und sind zudem noch preisgünstiger. Somit ist der Rust en Vrede mit seinen 32 Euro einfach überteuert.

Zum Abschluss ein Wein mit Klasse. Von der Königin aus dem Burgund, der Pinot Noir Traube. Der nicht gerade günstige **Pinot Noir von Mondavi** ist ein absoluter Hochgenuss. Beschwingende Fruchtigkeit betört die Sinne. Ein sehr filigraner Wein mit Eleganz und kontrollierter Kraft.

Ein Franzose, ein Deutscher und Hörbücher. Auf einen guten Pinot Noir folgt ein Schlechter, diesmal aus dem Ursprungsland Burgund. Meine Empfehlung ist die, wenn Sie einen Wein vor sich haben, einen teuren noch dazu, von dem Sie annehmen, dieser sei umgekippt, gehen Sie unbedingt zurück und tauschten ihn um. Ich hab's nicht getan und könnt mich dafür, na ja, auf jeden Fall habe ich jetzt den teuersten Sherry den ich je besessen haben, aus Hospices de Beaune, Pommard, für die Karstadt AG hergestellt von Reine Pedauque. Ich hätte es wissen sollen, schon der Korken war irgendwie komisch. Schwamm drüber.

Ein kalter, regnerischer, Wintertag, was tut man da am besten. Die Heizung aufdrehen, eine Cafe del Mar CD rein, ein Gläschen Wein und ein schönes Buch zu einem guten Wein. Und da habe ich einen genialen Autor entdeckt, Carsten Henn. Die Wein-Kriminalromane sind nicht zu komplex, superspannend und mit kulinarischem Hintergrund. Einfach lecker und mit herrlichen Charakteren versehen, Protagonist ist ein Koch, etwas füllig aber mit Leidenschaft. Man muss die Geschichten einfach lieben, und versetzt sich unversehens in die Figur des Julius Eichendorff. Als Einstieg empfehle ich das superbe Hörbuch „In vino veritas", ein „must-have". Animiert von der Gegend in welcher Julius Eichendorff die Fälle aufklärt und nebenbei herrliche Sachen kocht, habe ich einen Ahrwein gekauft.

Einen Spätburgunder von der **Weinbaudomäne Marienthal.** Trotz seiner 13 % Alkohol kommt er auf leichten Füßen daher und ist ein wirklich angenehmer Wein, schön zu trinken. Aber irgendwie zu leicht für meinen Geschmack, den deutschen Roten fehlt einfach die nötige Sonne die sie in anderen Ländern erhalten. Ein unauffälliger Begleiter, der aber mundet. Und gekocht habe ich natürlich auch ein

Gericht, das wohltemperierte Klavier, yummy. Lammfilet mit einer Rotwein-Honig Soße mit Wildreis an Fenchel, göttlich.

Beenden möchte ich meinen Durchgang durch Karstadts Weinabteilung mit Zweitweinen erstklassiger Chateaux aus dem Bordeaux, diese haben den Vorteil dass sie günstiger sind als die Premier Grand Cru Classés, aber vom Terroir her ähnlich sind und die gleiche Behandlung im Keller genießen. Ich nippe gerade an dem Zweitwein von Chateau Latour, wobei ich ebenfalls den Zweitwein von Chateau Lagrange am Start habe. Sehen lassen kann sich der körperreiche, nach roten Früchten, Cassis und Kräutern duftende **Les Forts de Latour,** einer der richtig guten Zweitweine. Nur das Preis-Leistungs-Verhältnis ist so eine Sache, für 42 Euro kann man ganz andere Bordeaux-Weine kaufen, z.B. den **Chateau Potensac.** Gut strukturiert und ein feiner Wein mit Finesse ist der **Les Fiefs de Lagrange,** in seiner Gesamterscheinung insgesamt leichter als der Les Forts de Latour.

Real.

Die SB-Warenhäuser sind vereinfacht gesagt große Supermärkte mit einer immensen Auswahl an Weinen. Auch hier gilt es sich durchzuprobieren. Zwei sieben Euro Weine liegen zunächst in meinem Einkaufswagen. Fangen wir mit dem **Santa Christina von Antinori** an. Laut einem Weinbuch von F. Kämmer „Super-Weine aus dem Supermarkt" wird er so beschrieben „feiner Duft nach Süßkirschen ein wenig Lorbeer und Pflaumen. Ausgesprochen elegant und geschmeidig auf der Zunge. Klare Frucht, dabei rund und von schöner Balance. Ein Wein mit Finesse" Huijuijui, hört sich doch cool an, so, dann probieren Sie den mal und stellen daneben den **Rosso Piceno Saladini Pilastri** von Mövenpick, oder den Salbanello Paladin von Jacques´ Weindepot, aus Italien in derselben Preisklasse. Ergebnis, die sieben Euro für den Santa Christina sind zu viel verlangt, die Beschreibung ist doch etwas zu blumig. In älteren Notizen hatte ich mir notiert, der Wein wäre hart im Geschmack und überteuert, überteuert ist er immer noch, aber sie haben ihn weicher gemacht. Er ist zwar kein kuscheliges Plüschhäschen, aber man kann ihn einfach so wegtrinken, nahezu keine Gerbstoffe oder Säure identifizierbar, somit auch kein Körper und ebenfalls kein Bukett, na ja, vielleicht etwas nach Kirschen. Es ist vielmehr ein sauberer, einfacher Sangiovese mit Merlot abgemildert. Gut gekühlt für den Sommer oder als Begleiter für eine Pizza und Pasta geeignet.
Der **Torres Coronas** aus Spanien ist ein solider Wein, gewonnen aus der Tempranillo Traube. Schwaches Kirschbukett, mittlerer Körper, angenehme Säure auf der Zunge. Er hat durchaus Charakter und Eigenständigkeit, auch Vanillenoten offenbaren sich, was sich auf die Lagerung in kleinen Fässern aus französischer und amerikanischer Eiche zurückführen lässt oder auf Eichenspäne.
Denn, der Wein muss gar nicht im Fass gelagert werden, sondern es werden oft einfach Netze mit gerösteten Eichenspänen in die Gärtanks gehängt, tricky was, auf jeden Fall kommen so auf günstige Art und Weise Röst- und Vanillearomen zustande. Also den Torres Coronas muss ich auch noch mal in Bezug zu einem weiteren

Phänomen erwähnen, denn es kommt ja auch schon mal vor, dass man nicht die ganze Flasche an einem Abend austrinkt, kommt schon vor. Aber am nächsten Tag kann man dann, öfter als einem lieb ist, den Inhalt der Flasche wegkippen, da der Wein zu stark oxidiert ist, gerade bei einfachen Supermarkt-Weinen. Nicht so mit guten Weinen, die genügend Struktur haben, und auch der Torres hat sich gehalten, ich war schon überrascht, denn er ist ja relativ günstig. Liebe Weintrinker, den Wein können Sie auch noch am nächsten Tag trinken, im Gegensatz zu dem Santa Christina, den habe ich am nächsten Tag für Coq au vin benutzt.

In Italien gibt es mehr als Chianti. Einige Zeit ist ins Land gegangen und ich habe mal wieder bei real vorbeigeschaut, denn ich wollte einen payback Gutschein einlösen und das Dreifache an Punkten erhalten, die ich dann doch nie einlösen werde. Mit den Happydigits von Karstadt (da war wohl ein Marketingfachmann happy und wollte besonders witzig sein) habe ich allerdings schon so einige nette Dinge erhalten. Irgendwie musste ich also 50 Euro voll bekommen und habe dann erst mal ein paar Rote in den Einkaufswagen gelegt, u. a. einen **Vino Nobile di Montepulciano von Torre delle Grazie.** Das Bukett ist angenehm aber etwas verhalten, also die Blumen springen nicht direkt aus dem Glas, aber er beeindruckt dennoch mit einem dichten Aroma von Kakao und Zartbitterschokolade und einem Hauch von Brombeeren. Leider setzt sich dieser positive Eindruck nicht am Gaumen fort, denn dort ist dieser Vino eher mittelschwer und noch verschlossen, etwas zu säurebetont und ein bisschen grasig. Schade, denn mit 13 % Alkohol und fast 13 Euro standen die Zeichen doch nicht so schlecht, aber so ist das Leben halt.

Und mit dem zweiten Wein hatte ich dann schon weitere 13 Euro auf meinem Bon und dann noch schnell ein paar Videos (wo die DVD den Siegeszug angetreten hat, billig zu haben) gekauft und ich komme meiner Dreifach-Punktbewertung nahe.

Die Amarone-Weine stehen für schwere und alkoholstarke Weine, denn die Trauben werden in der Sonne auf Strohmatten (so steht es geschrieben) getrocknet bis sie fast rosinenartig sind, wodurch eine hohe Konzentration erzielt wird. **Der Amarone della Valpolicella**

vom Gut Delibori ist mit seinen 14,5 % Alkohol eine wahre Frucht-Vitaminbombe. Komplexe Duftanspielungen an Rosinen, Kiwis mit Bananen und noch ein paar weiteren Früchten vereint in einem karibischen Cocktail, eine wahre Wonne ist es die Nase hier ins Glas zu stecken. Fehlt nur noch das Cocktail-Schirmchen. Weich umspült der Wein den Gaumen bei einem eher mittleren Körper, es ist kein überdurchschnittlich mächtiger Wein, aber er hat es dennoch in sich. Als Begleiter zur Mahlzeit ist er allerdings zu dominant.

Da der Amarone aber mit 13 Euro ganz schön teuer ist, und ich ja auch günstigere Alltagsweine brauche, habe ich mal den **Terralunga Chianti Classico** getestet. Ach ja, die Toskana, vielleicht schmeckt dieser Wein dort auch besser, bei einem gemütlichem Picknick unter der italienischen Sonne. Aber hier ist er nicht so wirklich der Bringer, gut für vier Euro erwarte ich auch eigentlich nur einen Pizzawein, als solches kann er so gerade eben noch durchgehen. Eher nichtsaussagend mit etwas zu harten Tannine und zu dünn. Der schwarze Gockel auf der Banderole ist keineswegs ein Garant für Qualität, die Trauben müssen halt nur aus einer bestimmten Region kommen, aus dem Gebiet zwischen Siena und Florenz. Qualitätsmäßig können diese Weine stark variieren. Die Weine ohne Gockel sind dann einfache Chiantis, ohne Classico. Den einfachen Chianti gibt es auch noch von Terralunga, den verkoste ich aber lieber erst gar nicht.

Ein weiterer Chianti, von **Villa Orsini** reiht sich nahtlos in die Beschreibung ein, lieber nicht kaufen.

Dass der schwarze Gockel in dem roten Siegel nicht Qualität bedeuten muss, haben wir ja soeben erfahren müssen. Und auch diesmal führt uns der **Chianti Classico von Piccini** dies wieder deutlich vor Augen. Ein enttäuschender Wein, zwar sauber gemacht, aber keine Andeutung eines Bukett und der Körper ist einfach zu schwach auf der Brust, völlig ohne Ausdruck, lieber die Finger hiervon lassen.

Besser ist da schon der **Chianti von Melini**, ein schönes Beispiel für einen lebendigen, jungen Chianti. Typischer Geschmack, schöner Körper, ein angenehmer Essensbegleiter.

In dem **Corvo** finden sich leichte Kirschnoten, von Pflaumen und Leder allerdings rieche ich nichts, na ja, vielleicht ein Anklang von Trockenpflaumen, aber wo das Leder ist, bleibt fraglich. Das

17

Problem, wenn man sich vor der Probe eine Beschreibung des Weins durchliest, versucht man diese Eindrücke auch zu finden. Oft findet man diese nur aus dem Grund weil man es vorher so gelesen hat, oft fragt man sich ob der Autor nicht zu tief ins Glas geschaut hat. Weiter list man im Buch von F. Kämmer:„Volle saftige Ansprache auf der Zunge, aber mit schöner Balance von Frucht, Alkohol und Säuregerüst. Reich im Aroma, aber nicht übertrieben schwer. Charaktervoll und doch modern". Also, auch moderne Weine können durchaus Charakter haben, das ist doch klar. Und, eigentlich bin ich mal wieder nicht im Geringsten überrascht. Es handelt sich bei dem Corvo ebenfalls um einen simpel gestrickten, aber korrekt gemachten klassischen Pizzawein, ohne Ecken, Kanten und Höhepunkte. Kann man ohne Reue trinken. Leider führt einen auch bei diesem Roten die Beschreibung in die Irre, doch solch viel versprechende Beurteilungen begegnen uns überall, in Weinkatalogen, auf Etiketten und Handzetteln. Man darf sich nur nicht blenden lassen, sondern muss sich sein eigenes Urteil bilden.

Apfelwein, Rioja und Currywurst. Das ursprüngliche Kapitel über die Wal-Mart wird an dieser Stelle integriert. Die Wal-Mart zieht sich doch tatsächlich aus Deutschland zurück, nachdem sie jahrelang nur Verluste eingefahren haben, und verkaufen die Häuser an die Metro. Aus Wal-Mart wird also real, sonst änderst sich nichts, oder so. Streng genommen müsste man den Zusatz SB-Warenhaus noch hinzufügen, denn in meiner Marketing und Category Management Arbeit wird nach Größe des Stores unterschieden. Doch eigentlich ist es uns Verbrauchern doch egal, ob es nun ein Verbrauchermarkt, SB-Warenhaus, Supermarkt oder Kaufhaus ist. Ich will guten Wein kaufen, das zählt.

So dann starten wir mal in den Tag. Mmh lecker, ein wirklich guter Apfelwein, dazu noch Brot, Käse und Wurst, eine Decke, Sonnenschein und meine Familie. Nur leider steht auf dem Etikett weder Blauer Bock noch eine andere Apfelwein-Sorte, sondern **Paternina Rioja Reserva.** Einen anderen Jahrgang habe ich parallel dazu bei Karstadt gekauft, und der gefiel er mir eigentlich ganz gut, auf jeden Fall trinkbar. Entweder ist also der Jahrgang 1995 hier nicht zu empfehlen oder die Flasche ist fehlerhaft. Diesen Reserva kann ich auf jeden Fall vergessen, denn Apfelwein gibt es günstiger. Da tut es mir ja immer leid, aber der Wein wird den Abfluss hinunter wandern, oder vielleicht doch nicht, denn leicht gekühlt passt auch dieser ganz gut zu einer Wurst.

Die Currywurst von Meica werde ich mal versuchen, warum genau, ich bin immer auf der Suche nach kulinarischen Abenteuern und war neugierig, ob so etwas aus der Plastikschale überhaupt genießbar ist. Von Zeit zu Zeit bekomme ich so Fressanfälle, da hilft nur ne Currywurst, gewöhnlich ja aus dem Frittentempel, oder ne Tüte Chips. Die Plastikschale soll man im warmen Wasser erhitzen, davor graut es mir eigentlich ja schon. Ich habe ja gelernt, die Hoffnung stirbt zuletzt, und bei dieser Wurst sind wir nahe dran, und damit meine ich nicht die Hoffnung. Also eigentlich kann diese so genannte Curry-Wurst hier in Niedersachsen ja keinen Hering vom Teller ziehen. Meine Maßstäbe sind geprägt durch umfassendes Wissen. Meine Wurzeln liegen nämlich im Currywurst-Mekka, im Ruhrgebiet, nach oder vor Berlin also die Heimat der Currywurst. Ja, Currywurst, so was gibt es hier in Braunschweig auch, auf jeden Fall auf dem Papier, denn in Wirklichkeit ist es Leberkäse ist Wurstform, pervers oder. Aber wenn man sich darauf einstellt, kann man auch diese Art von Wurst genüsslich mit einer ordentlichen Portion Pommes Rot-Weiß verspeisen.

Der **Marques de Riscal** schmeckt schon eher wie ein Rioja, aber so wirklich auch wieder nicht, wenn Sie diesen Wein bisher noch nicht verkostet habt, ist es kein wirklicher Verlust. Gut gemachter, einfacher Wein für Pasta-Gerichte. Ein wirklich toller Rioja ist der von **Conde Valdemar**, den allerdings habe ich bei Mövenpick erstanden, leider nicht hier bei real, und ein paar gute Riojas gibt es auch bei Jacques Weindepot, aber dazu später.

(Schöne) Neue Welt bei real.

Ein Ausflug in die Neue (Wein) Welt, nach Südafrika. Bei dem **Nederburg Cabernet Sauvignon** bin ich allerdings skeptisch, ein Wein für sieben Euro aus dieser Region reißt mich zu der Befürchtung hin, dass es sich hierbei um ein weiches Plüschhäschen handelt. Woa, schon das Bukett tendiert genau in diese Richtung, halt Richtung Massen-Wein, aber ein Schuss angenehmer Pfeffer ist mit von der Partie. Dennoch, der

Körper ist okay und ein bisschen Charakter hat er auch, aber vom Schlitten haut er mich jetzt nicht. Dieser Cabernet passt auch zu deftigeren Speisen.

Der Inbegriff eines bedürfnislosen plüschigen Kuschelhäschens ist für mich der einfache Massen-Wein von Gallo. Millionen von Flaschen mit der Absicht auf unkomplizierte Weise jedem Verbraucher zu schmecken. Ein Anpasser.

Bei meinem letzten real Besuch musste ich ein paar Dinge einkaufen die es im Discounter meines Vertrauens halt nicht gibt, so etwas wie Anchovis oder Tiramisu. Und da ich dann schon mal vor Ort war, habe ich auch direkt ein paar Weine aus der Neuen Welt eingepackt. Zu Hause saß ich dann gewappnet für mögliche Ausfälle der eingekauften Roten, mit einem eigentlich sehr schönen Bordeaux-Jahrgang 95. Doch leider hat mich die Fall-Back-Lösung im Stich gelassen, denn anscheinend hat dieser Bordeaux seinen Zenit überschritten, tja und das war's dann. Also blieb mir nichts anderes übrig als die Weine ohne einen vertrauten Wein in der Hinterhand zu verkosten.

Und weiter geht's mit dem Hersteller mit dem ich vorhin aufgehört habe, mit **Nederburg,** diesmal besteht der Wein aus Pinotage. Die 13,5 % Alkohol ließen auf Körper und Volumen hoffen. Aber wie das halt des Öfteren so ist, schon der erste nasale Eindruck lässt einen zurück schrecken, er riecht und schmeckt dann auch irgendwie nach feuchtem Holz, ist vom Gesamteindruck zu mager und viel zu hart, also Finger weg.

Wenig erfreulich fand ich auch den **Jacobs Creek** aus South Eastern Australia, eine Melange aus Shiraz und Cabernet, mit ebenfalls einigen Umdrehungen. Wie wir aber nun schon wissen, ist ein hoher Alkoholgehalt nicht unbedingt gleichbedeutend mit einem kraftvollen, körperreichen Wein. Ein Wort würde hier reichen, es ist ein kuschelweicher Millionen-Wein, der durchaus Körper hat, aber viel zu weichgespült. Ein charakterloser Wein der aber trinkbar ist, und das für einen akzeptablen Preis. Die Parallelen zu den einfachen Gallo Weinen sind nicht zu übersehen.

Den „**Golden Kaan**" sieht man auch überall, und bisher habe ich ihn noch nicht verkostet, da ich befürchtete dass er wie die eben verkosteten Millionen-Weine von Gallo und Co. sind. Jedoch angespornt durch eine gute Beurteilung in einer Weinzeitschrift habe ich den Kaan dann doch mal gekauft. Im Sortiment befinden sich die sortenreinen Weine aus Cabernet Sauvignon, Merlot und Pinotage. Der Pinotage ist (wie die anderen vermutlich auch) ein dünner, charakterloser Wein, den man seinen Freunden servieren kann, aber nicht muss. Es ist ein sauberer, einwandfreier Wein, aber so ganz ohne Körper ist er einfach nur ein Massen- und Millionen-Wein der einen nicht vom Hocker reißt.

Nach langer Zeit habe ich mich mal wieder den einfachen Gallo-Weinen gewidmet, die jetzt einen verwunderlichen Zusatz auf dem Etikett tragen, nämlich „Family". Vielleicht soll hierdurch ja zum Ausdruck gebracht werden, dass dieser Wein zur **Gallo Familie** gehört, für mich klingt es eher wie der kollektive Aufruf zum Saufen, für die ganze Familie halt. Der Cabernet Sauvignon ist ein leichter Kuschelhäschen-Wein, ein nichtssagender Schluck roten Wassers mit Geschmacksverstärkern. Die schweren Kuschelhäschen-Weine sind teuer, und na ja, gewichtiger halt. Klar, trinken kann man auch diesen einfachen Gallo-Wein, er ist sauber gemacht, wie so viele, aber es macht keinen Spaß, er ist absolut charakterlos, das ist irgendwie kein richtiger Wein. So wie dieser Porsche der Mal gebaut wurde, mit VW Motor oder war's anders herum, halt kein wirklicher Porsche ist. Da ist der Turning Leaf von Gallo auch nicht viel besser, ein bisschen teurer, ein bisschen mehr Gewicht und das war´s dann auch schon.

Der **Espiritu de Chile Carmenére** ist ein gefälliger und einfacher Wein mit wenig Struktur, lässt sich leicht und problemlos trinken. Wie die ganzen anderen Massen-Weine a la Gallo, Nederburg & Co. hat auch er eine gute Portion Weichspüler erhalten. Ausdruckslos, aber noch am günstigsten von den ausdruckslosen Weinen, ebenfalls in mehreren Sorten erhältlich. Wenn das der Spirit, also der Geist, von Chile sein soll, dann Gute Nacht. Die Beschreibung auf dem Rückenetikett ist mal wieder Kokolores.

Welcher Wein allerdings auch nicht mehr zu Pasta geht, ist der **Lindemann Bin 50 Shiraz**. Die 13,5 % Alkohol helfen da auch nicht. Diese fünf Euro wandern in den Spülstein, wirklich übel. Ein dünner, völlig nichtssagender Wein, dem man viel zu viel Weichspüler hinzu gesetzt hat.

Von wegen also „schöne Neue Welt". Die günstigen Weine dieser Region sind bisher allesamt unkomplizierte, einfache und fruchtige

Alltagsweine für anspruchslose Gelegenheiten. Dass die Weine der gehobeneren Preisklasse sehr wohl viel zu bieten haben, haben wir an den Beispielen von Karstadt gesehen.

Angebote aus dem Handzettel. Mal ehrlich, wer schaut beim Einkauf nach oben oder auf den Boden. Der Handzettel der wöchentlich in die deutschen Haushalte flattert, ist hier einfach am erfolgreichsten und wird von über 80% der Haushalte gelesen, so auch von uns. Und da ich sowieso ein paar Weine aus einem neuen Einkaufsführer testen wollte, passte das folgende Angebot auch ganz gut, fünf Weine kaufen und die sechste Gratis dazu, also 20% Rabatt, da bin ich doch dabei.

Folglich habe ich einen ganzen Karton gekauft, natürlich erst nachdem ich eine Flasche als Probeflasche verkostet habe. Diesen Wein habe ich nach dem neuen Einkaufsführer von C. Henn gekauft, ein handliches und kompaktes Werk in dem er 85 Weine, Sekt, Champagner und Prosecco aus den wichtigsten Ländern in gängigen Einkaufsstätten verkostet.

Aus der **Concha Y Toro** Produktpalette habe ich zunächst den **Sunrise - Cabernet Sauvignon und Chardonnay** eingepackt. Mit dem Geschmack ist es ja so eine Sache, also mit dem Herausschmecken von verschiedenen Geschmacksnuancen. Laut Henn kommen bei diesem Cabernet „reife Paprika, etwas Pfeffer, in der Nase und auf dem Gaumen…mit gut eingebundenen Vollmilchschokoladen-Tanninen" zum Einsatz. Auf dem Rückenetikett der Flasche dagegen lese ich „ausgeprägte Aromen von Brombeeren und Johannisbeere mit Noten von Schokolade, Dörrpflaumen und Vanille". Ja, und was nun tun bei dieser Vielfalt von Eindrücken. Wer hat nun (mehr) Recht? Da hilft nur eins, selbst probieren. Der Cabernet ist ein sauberer, einfacher Cabernet mit sehr weichen Tanninen, zu weich für unseren Geschmack. Johannisbeere, logisch die ist drin, ist ja auch ein Cabernet, bei Brombeere und Vanille sowie der (Vollmilch-) Schokolade gehen wir auch noch mit. Aber wo finden wir die Dörrpflaume, obwohl im Abgang schon etwas davon zu schmecken ist, aber sehr schwach ausgeprägt. Mit Paprika und Pfeffer hatten wir schon unsere Probleme. Aber so ist das halt mit den Gerüchen und Geschmäckern. Zusammenfassend kann man sagen, dass es ein Wein ist, der für das Massenpublikum hergestellt wird. Ein Wein wie die Einstiegsweine von Gallo, bei denen man auf Nummer Sicher gehen möchte. Also für denjenigen, der Nichts falsch machen will, der aber auch keinen Wert auf Individualität und Genuss legt, ist dieser Wein richtig. Man kann ihn trinken, muss man aber nicht.

Den Chardonnay haben wir zu einer Dorade kombiniert, die ich allerdings tiefgefroren im Angebot bei Lidl gekauft habe, denn frischer Fisch ist einfach extrem teuer. Mit frischen Kräutern ist die Dorade ein Gedicht, duftend und butterweich im Ofen gebrutzelt. Der Chardonnay Sunrise ist ein guter Begleiter gewesen, er hielt sich unauffällig im Hintergrund und unterstrich den Geschmack des Fisches. Eine schöne Nase und am Gaumen Kiwi, Honigmelone und Apfel. Ein mittelgewichtiger, fruchtiger und umkomplizierter Alltagswein.

Nahtlos einreihen kann sich der **Merlot von Concha Y Toro**. Ein grundehrlicher Wein den man am besten leicht gekühlt trinkt, einfach und fruchtig, allerdings halt charakterlos.

Während die Sunrise-Palette einfache und unspektakulärere Weine hervorbringt, ist der Cabernet **Casillero del Diablo** von Concha y Toro für knappe zwei Euro komplexer. Ein typischer, chilenischer Cabernet Sauvignon, allerdings mit einem äußerst intensiven Geschmack von roten Johannisbeeren, nicht von schwarzen. Zum Essen ist er ein vorzüglicher Partner, sowohl für das Alltagsessen als auch für einen netten Abend. Der dominierende Geschmack der roten Johannisbeere verzerrt allerdings meine weitere Geschmackswahrnehmung. Andere schmecken hier mehr, aber witzigerweise unterscheiden sich sogar auf dem Rückenetikett die Wahrnehmungen. Während die „Winemaker's Note" von Cassis und schwarzen Kirschen spricht, findet man in den etwas blumigeren „Notizen des Kellermeisters" neben Cassis, roten Kirschen und schwarzen Pflaumen zusätzlich noch Aromen von geröstetem Kaffee und einen Anflug von Vanille. Dass die deutschen Kellermeister so viel mehr heraus riechen und schmecken finde ich schon erstaunlich, oder war hier einfach nur ein übereifriger Übersetzer am Werk, oder ein Marketingstratege der davon ausgeht, dass wir eh kein Englisch verstehen.

Fremde vs. eigene Degustationsnotizen. Aus dem handlichen und gut aufgebauten Weinführer von C. Henn habe ich mir drei weitere Weine ausgewählt und diese direkt mit meinen Empfindungen verglichen. Faustino hat gleich drei Rioja von unterschiedlicher Reife und Preislage im Sortiment. Ich habe den günstigsten, den **Faustino VII** zu sechs Euro im Einkaufswagen, ein grundehrlicher Rioja, schlank und gut gekühlt im Sommer ein wirklicher Genuss. Von verlässlicher Qualität mit weichen Tanninen und einem Hauch von Vanille ausgestattet ist er, da gehe ich mit der Beschreibung von Henn mit. Wo allerdings die wuchtige Frucht, Frühlingsblumen und Marzipan bleiben, ist mir ein Rätsel. Ich gebe ihm nicht zwei von drei Sternen, sondern 1,5 Sterne.

Weiter geht's mit dem **Les Granges de Rothschild** (u.a. auch bei Karstadt und Rewe erhältlich), nicht von Philippine Rothschild, von der die sagenumwobenen Mouton Rothschild und Lafitte Rotschild stammen, sondern von Edmond. Dennoch ist dies ein kräftiger Wein, dicht und würzig im Geschmack. Vanille vom Fass und weiche Tannine verleihen diesem Wein eine angenehme Wärme. Die beschriebene Erdbeere und Rote Beete konnte ich beim besten Willen nicht ausmachen, aber vielleicht schmecken Sie diese ja. Ansonsten ist dies ein empfehlenswerter Wein der wirklich Freude bereiten kann.

Der **Tertre du Moulin** ist in meiner Beurteilung besser weg gekommen als bei Henn. Er ist mehr als nur schlank und weist angenehme rote Früchte im Bukett auf. Den würzigen Pflaumenkuchen konnte ich zwar nicht finden, aber den Tee durchaus, ich finde hier Anklänge von Earl Grey. Ein ganz guter Wein, der etwas atmen muss, allerdings würde ich den Rothschild zum gleichen Preis vorziehen.

Regionale Weinhandlungen.

Selbstverständlich darf ein Kapitel über die regionalen, unabhängigen Weinfachhandlungen nicht fehlen. Problematisch ist natürlich nur, dass hier von Fachhändler zu Fachhändler ein unterschiedliches Sortiment besteht. Ich habe dennoch ein paar meiner Favoriten aus verschiedenen Städten aufgenommen, für den Fall das Ihnen die Weine in Ihren bekannten Weinhandlungen begegnen.

Die Stadt Heinrichs des Löwen. Sollte mal jemand von Euch nach Braunschweig kommen, also in die Stadt Heinrich des Löwen, die in der Nähe von Hannover liegt, können Sie hier auch lecker Wein kaufen. Eine wirklich beschauliche Stadt. Neben einer gemütlichen Altstadt mit vielen Fachwerkhäusern gibt es noch das Rizzi Haus und die Schlossarkaden, ein fettes Einkaufszentrum, ganz neu. Und natürlich habe ich auch hier eine nette Weinhandlung in unserem samstäglichen Einkaufsradius ausgemacht, nämlich zentral in der City. Sie bietet eine ausreichende Auswahl an Weinen an, in Kombination mit einer meistens freundlichen Bedienung, immer bereit für einen kleinen Plausch.

Heute habe ich diese Weinhandlung in der Mittagspause aufgesucht, um, natürlich ein paar Weine einzukaufen. Doch bevor ich dazu kam, musste ich erst mal etwas anderes verkosten. Von der letzten Whiskey Verkostung ist noch etwas in den Flaschen übrig geblieben. Und so bin ich zu einem Whiskey Single Malt gekommen, einem ziemlich guten. Ich bin ja eigentlich kein Fan von harten Sachen, aber seit ich mal einen so göttlichen Grappa im Glas hatte, wurde ich überzeugt dass diese hochprozentigen Stoffe einem nicht unbedingt die Speiseröhre wegätzen müssen. Also dieser überaus angenehm milde Single Malt hat dann auch meinen weiteren Tagesablauf gemildert, immerhin stand noch ein Abteilungsmeeting auf dem Plan, bizarre Dinge spielen sich dort zuweilen ab.

Aber zurück zu den wesentlichen Dingen, zurück zum Wein. Der **di Leonardo von Ronco nole** ist sauber und korrekt. Ein leichter und ansprechender Tropfen mit einem ausgeglichenen Säure-Tannin-

Verhältnis. Für einen romantischen, gemütlichen Abend etwas zu leicht, aber als Begleiter zur einfachen Küche völlig okay.

Weiter geht's mit Weinen aus Chile. Die Erzeuger Santa Rita sind die zweitgrößte Weingruppe Chiles und bieten folglich eine umfangreiche Produktpalette von Weine an. Der **Cabernet Sauvignon Santa Rita 120** ist ein grundehrlicher Wein, der sauber gemacht ist und gut zur einfachen Alltagskost kombinierbar ist.

Eine Stufe höher ist der **Reserva,** ein wirklich sehr empfehlenswerter Roter. Bukett nach roten Früchten und Cassis, wie das bei vielen Rotweinen so ist, aber hier mischen sich noch intensive Wacholder-Holunder Aromen mit ein. Wow, der ist aber mächtig, das intensive Bukett spiegelt sich auch im Geschmack wieder, ein gehaltvoller Körper, samtig und geschmeidig. Dieser Wein erscheint vor dem geistigen Auge wie ein harmonisch angerichteter Korb bis an den Rand gefüllt mit schwarzen und roten Beerenfrüchten.

Vielleicht ist dieser Wein sogar zu weich, aber nur vielleicht. Ich würde ihn allerdings nicht als Wein zum Diner empfehlen, auch nicht zum vornehmen Dinner, denn diese rote, intensive Fruchtbombe muss man als Stand alone Lösung nehmen und einfach nach dem Essen beim romantischen Kerzenschein genießen.

Der nächste Wein von Santa Rita trägt den Namen **Medalla Real** und kostet noch mal drei Euro mehr als der Reserva und somit sind wir bei 13 Euro angelangt. Er beeindruckt mit einem angenehm weinigen Duft nach roten Beeren, unterlegt von zarten Vanille-Tönen. Perfekt ausgewogen der fleischige Geschmack, in dem sich das Tannin harmonisch in die hoch konzentrierte Struktur einfügt. Der Wein umschmeichelt schwer, mit einer zärtlichen Süße den Gaumen, die 14 % Alkohol melden sich deutlich zu Wort. Ein wahrlich prächtiger Wein für ein schweres Essen oder auch solo zu genießen.

Der **Rioja Baron de Cruzaro,** den ich in dieser Fachhandlung finde ist ein einfacher und nichtsaussagender Millionen-Wein der jedem gefallen will. Aber die Hoffnung stirbt zuletzt, und Tor ist erst wenn der Schiedsrichter pfeift, deshalb kommt jetzt auch wieder mal ein wirklich toller Wein zum Zuge, mit einem guten Preis-Leistungs-Verhältnis.

Ein Fest für die Nase, komplexe Duftanspielungen an Apel-Zimt-Milchreis vereint mit einer Nuance von roten Früchten, einfach unwiderstehlich und sinnlich. Und vom Körper her lässt dieser Wein ebenfalls nichts zu wünschen übrig, strukturiert und kraftvoll, vanillig-angenehm. Der **Los Cardos** aus Argentinien ist mit seinen 14 Euro nicht gerade günstig, aber erschwinglicher Genuss.

Die heutige Verkostung schließe ich ab mit einem schönen Vertreter aus Italien, ausgestattet mit mächtigen 13,5 % Alkohol. Der **Tenuta Palese** aus der Primitivo Traube ist ein Wein mit ausgewogener Säure und rundem, bis ins Finale köstlichem Geschmack. Er beeindruckt mit einem angenehm weinigen Geschmack und das alles zu einem fairen Preis.

Obwohl ich nun schon einige Jahre in Braunschweig lebe, habe ich neben der Weinhandlung im Citypoint (zentrales Einkaufszentrum in der City) nur noch eine weitere Weinhandlung in die Liste der kleinen, unabhängigen Fachhändler mit aufgenommen, und zwar La Vigna. Und diese Weinhandlung ist auf jeden Fall einen kleinen Schwenker auf der A2 Richtung Braunschweig wert. Eigentlich ist es ja unser „Hinterhof-Italiener", weil man im Sommer dort so herrlich in einem kleinen Hinterhof speisen kann. Es gibt eine Mittagskarte die Gerichte mit einer gewissen Finesse zu Tage fördert und dabei kann man die dazu passenden Weine ordern. Und ein Geheimtipp war's auch noch, denn hierhin kamen kaum Arbeitskollegen.

Beginnen wir mit dem **Fatalone von Gioia del Colle** aus der Primitivo Traube, mit satten 15 % Alkohol. Mal abgesehen von den Übersetzungsfehlern auf dem Rückenetikett, die eigentlich ganz witzig sind, so was passiert halt wenn man online Übersetzungsdienste einsetzt, ist der Wein einfach bombig. Vielfältige Dufteindrücke von Datteln und Feigen bis zu Rosinen offenbart dieser Wein. Charaktervoll, fleischig und wuchtig aber nicht erdrückend, dennoch mit einer angenehmen leicht prickelnden Säure. Ein gutes Preis-Leistungs-Verhältnis rundet diesen außergewöhnlichen Tropfen ab. Entweder nach dem Essen zu verkosten, solo oder zu einem sehr gehaltvollem Essen.

Und hier habe ich sogar den lange gesuchten Wein von **Piancarda** gefunden, den **Garofoli Rosso conero**. Einfach herrlich dieser Wein, für mich schmeckt so der Urtypus des Weins schlechthin, intensiv weinig und kirschig, gehaltvoll, körperreich mit Charakter, durchaus ein paar Ecken, aber einfach nur lecker. In einer Weinzeitschrift lese ich über diesen Wein „fleischiger Beerensaft mit Vanille bis

Rumtopf in solide gebautem Holzfass, das man kaum umstoßen kann". Der erste Teil, ja, Rumtopf, keine Ahnung wo diese Empfindung herkommen soll, Holzfass ist Anspielung auf die vorhandenen Vanillenoten. Das mit dem umstoßen ist mir wieder etwas rätselhaft, ich würde hierin eine Anspielung auf den körperreichen Charakter sehen.

Es gibt von Piancarda auch noch einen Reserva, den kenne ich noch aus meiner Heimatstadt Essen. Aus meiner dortigen Lieblings-Weinhandlung (Wein & Glas) in der Nähe der legendären Einkaufsmeile RÜ bin ich das eine oder andere Mal beschwingt herausgeschlendert. Verkostungen haben schon etwas Feines an sich. Einmal war ich mit meinem besten Kollegen dort, wir haben uns ganz ordentlich durch das Sortiment gekostet und als wir dann noch Sesam Grissini nachgeordert haben, wurde die Ersatzverkäufern doch etwas säuerlich, also mit dem Geschäftsinhaber oder dem wirklich kompetenten und freundlichen Stammpersonal wäre uns das nicht passiert. Na ja auf jeden Fall sind wir dann erst mal raus, haben natürlich fairerweise schon jeder zwei oder drei Flaschen gekauft.

Bemerkenswert zuletzt der **Contadi Castaldi**, einer Cuvée aus vier verschiedenen Traubensorten. Der lediglich angedeutete Röstton gewährt dem Duft nach Früchten wie Feigen und Datteln freie Entfaltung.

Hansestadt Hamburg.

Einen gewissen Zeitraum habe ich auch in Hamburg verbracht und bei meinem letzten Besuch dort, bin ich als erstes zu meiner Lieblings-Weinhandlung (12 Grad) gewandert, die nun nicht mehr in dem Studentenviertel auf der Grindelallee ist, sondern in einer Seitenstrasse. Also habe ich erst mal ein paar Weine eingekauft und dann noch einen Tim und Struppi Comic (natürlich nicht in der Weinhandlung, obwohl es in Hamburg auch Weinhandlungen mit Schuhen gibt, oder Schuhe mit Weinhandlung), die erinnern mich immer an meine Kindheit, genauso wie die Tapes, damals sagte man ja noch Kassetten, der drei Fragezeichen. Wenn man zur Stammkundschaft bei dieser genialen Weinfachhandlung gehört, wird das Weinkaufen noch entspannter, man bekommt schon mal ein Schlücken mehr, oder auch einen Capuccino, der einem gereicht wird während man auf dem Sofa die aktuelle Weinzeitschrift durchblättert, so muss das sein, so macht das Leben doch Spaß.

Der **Morellino di Scansano von E.** Banti wie auch der **Don Camillo von Farnese** sind einfache Begleiter zum Essen. Dabei erfreut der Banti die Nase mit einer Duftmischung von Schoko und Minze.

Insgesamt ist der **Santagostino von Firriato** einfach besser, der hat nun wirklich einen schönen Körper mit eigenständigem Charakter bei einem etwas schwachen Bukett welches nach Kirschen und Pflaumen duftet. Mit 14 Euro nicht gerade günstig.

Ein Verschnitt aus Tempranillo, Cabernet Sauvignon und Merlot ist der mittelgewichtige **Marco real Homenaje** aus der Navarra Region. Mmmh, ein Duft von roten Früchte mit einem Hauch Vanille. Ein Wein mit Eigenständigkeit, der garantierte Trinkfreude verspricht und zu vielen Gerichten kombinierbar ist.

In Hamburg hatte ich noch drei weitere Weinhandlungen, die in meinem Einkaufsradius lagen, von denen ich hier jedoch nur eine aufführe. In einer der vielen Passagen in der Innenstadt in der Nähe der Thalia Buchhandlung befindet sich auch eine kleine Weinhandlung. Hier habe ich einen wirklichen Verwöhntropfen gefunden.

Der vornehmlich aus Pinotage bestehende **Kanonkopp Kadette** kostet nur 10 Euro. Der etwas seltsam klingende Name erinnert mich einerseits und einen Kadetten, aber auch an ein Auto namens Kadett, mit dem dieser Wein allerdings so gar nichts gemeinsam hat, denn dieser Wein ist einfach Yummy. Neben Pinotage sorgen eine ganze Reihe von Trauben wie Cabernet Sauvignon, Merlot, Ruby Cabernet und zum Schluss noch Cabernet Franc für einen einzigartigen Geschmack. Er offenbart einen reifen Fruchtduft von roten Früchten mit verlockendem Marzipanhauch. Ausgewogen und gehaltvoll, aber nicht ganz so wuchtig wie die anderen beiden von Kanonkopp, dafür aber im Preis unschlagbar.

Der zweite Südafrikaner den ich parallel dazu degustiere, enttäuscht. Für knapp das Doppelte, also für 20 Euro, bietet der mittelschwere **Beyerskloof** einfach zu wenig. Das Bukett von roten Früchten ist nur schwach ausgeprägt und obwohl dieser Wein eine feste, fleischige Frucht hat, ist er irgendwie ausdruckslos. Sicherlich mehr als ein Pasta-Wein, aber auch nicht viel mehr.

Auch der Baron de Ley, ein Rioja Gran Reserva ist eine herbe Enttäuschung. Ein leichter, eher dünner und charakterloser Wein und viel zu teuer. Das Etikett allerdings verführt zum Kauf, sieht irgendwie ritterlich alt aus. Also Vorsicht an alle Etikettenkäufer (die Sie (jetzt) nicht mehr sein sollten). In der aktuellen Ausgabe des Feinschmeckers finde ich auch prompt eine Degustationsnotiz, denn hier ist eine Weinprobe von 10 top Reserva Riojas beschrieben. Vielleicht habe ich den Baron auch zu früh getrunken, ich fürchte allerdings nicht. Auf jeden Fall steht dort „Rauchiger, moderner Rotwein mit feiner Rotfrucht, Pilzen, Baumrinde und Malz. Am Gaumen tritt er mittelgewichtig bis kräftig auf, fest und ausgewogen strukturiert, angenehm fruchtig und saftig. Ein guter Begleiter zum Essen" Für 23 Euro, ein guter Begleiter, der nach Pilzen, Baumrinde und Malz schmeckt, das muss man sich mal vorstellen, auch wenn ich von den eben genannten Dingen nichts am Gaumen verspürte. Aber für den Preis gibt es Weine, die hauen einen richtig vom Schlitten und sind viel mehr als nur mittelgewichtige Begleiter.

Wieder zurück bei meiner Lieblingsweinhandlung (12 Grad) geht der freudige Einkauf weiter. Der **Gravello** von dem Gut Librandi passt zu dem was meine Freundin und ich gestern getan haben. Wir haben angegrillt. Selbstverständlich wurde vorher erst der Garten etwas hergerichtet, Unkraut zupfen und Schneckenfallen aufstellen. Also wir verwenden rein ökologisch biologische Bierfallen und keine Zäune mit Schwachstrom oder so, austrocknende Substanzen gehen auch nicht, da Junior diese verzehren könnte. Ganz einfach Pils in Gläser gefüllt und ab damit in den Boden, geht auch mit Weizen- oder Altbier, bei manchem Wein habe ich auch schon über diese Verwendungsart nachgedacht. Ich liebe Gartenarbeit, wenn alles grünt. Grün, bzw. hart ist leider auch der Gravello. Ein ansprechender Wein, aber viel zu tanninherb. In der Nase kommt er schon irgendwie elegant daher, dunkle Zartbitterschokolade umgarnt mit vollen Kirscharomen, aber ich vermisse Komplexität und Ausdrucksstärke.

Vom Gesamteindruck her jung und frisch ist auch der **Carraimbre.** Im ersten Moment wirkt er in der Nase etwas verschlossen, doch dann entwickeln sich kräftige Noten von grüner Paprika und auch pfeffrige Aromen sind zu vernehmen. Im Geschmack spiegelt sich dieser Eindruck wieder, ohne jedoch dass dieser tannin- und säurestarke Wein weicher und voller wird.

Ich weiß ja nicht wie das bei Ihnen mit dem Glauben in Kombination mit Wein ausschaut. Klar den Messwein trinkt man schon, aber koscheren Wein habe ich noch nie getrunken, bis zum letzten Wochenende. Aber bei diesem Wein wäre ich ja fast konvertiert, nein Spaß beiseite, der Wein ist wirklich superb. **Barkan**, mehr als den Namen konnte ich nicht in Erfahrung bringen, denn weder der Inhaber der Weinhandlung noch irgendjemand den ich kenne ist dieser Sprache mächtig, deshalb weiß ich also auch noch nicht einmal wie viel Prozent Alkohol der hatte. Aber der Barkan kann durchaus etwas bieten. Eine subtile Eleganz beherrscht das Erscheinungsbild diese seidigen Weins, unterstrichen von angenehm leichten Fruchtnoten. Er erinnert an einen erhabenen Pinot Noir, vielleicht ist er es ja auch, wer weiß.

Und jetzt kommt ein absoluter Hammer von Farnese. Der **Edizione** ist ein kraftvoller und alkoholreicher italienischer Tropfen in Vollendung, majestätisch. Wieso der Wein jetzt im Gambero Rosso nur ein Glas erhalten hat ist für mich absolut unverständlich und nicht nachvollziehbar (vielleicht war der verkostetet Jahrgang ein nicht so guter). Ein herrlich intensives Bukett von reifen Rosinen und geraspelter hochwertiger Zartbitterschokolade mit einem Hauch von Leder, obwohl wer will denn schon Leder trinken, riecht aber ganz angenehm. An dieses fulminante Bukett schließt sich ein vollmundiger und weiniger Wein an, ein unglaublich intensives und überwältigendes Geschmackerlebnis, weich und elegant die Tannine. Schon die Flasche selbst ist imposant und schwer, wer kann da schon widerstehen, fünf Traubensorten in einer herrlichen Assemblage mit satten 14,5 % Alkohol vereint. Göttlich. Aber auch in Braunschweig in der Weinhandlung im Magniviertiel habe ich diesen Wein schon mal gekauft, kurioserweise kostete er hier fünf Euro mehr als in Hamburg. Den Edizione genießt man am Besten ganz alleine und nur für sich.

Bei meinem vorletzten Coq au vin habe ich unglücklicherweise die Küchengardine in Brand gesetzt, innerhalb von 5 Sekunden war sie dann auch komplett verschwunden. Polyplastik irgendwas, ja so geht das wenn man statt des vorgeschriebenen tiefen Topfes eine Pfanne nimmt und dann den erwärmten Cognac in die Pfanne mit

Hähnchenteilen und heißem Olivenöl hinzugibt. Bawusch, na ja, das Hähnchen bliebt unverletzt und ich auch.

Ein wahrer Volltreffer ist auch der **Vertigo Livio Felluga** aus Italien. Für 14 Euro haben wir hier eine Cuvée aus Merlot und Cabernet Sauvignon im Glas. Ein äußerst empfehlenswerter Wein, extrem gut. Ein herrlich weiniger Wein mit einem vollen Körper, schöner Frucht und ausgewogener Säure-Tannin Kombination. Er präsentiert sich mit einer tiefdunklen, undurchsichtigen Farbe. Dieser Wein ist nicht zu weich und nicht zu hart, dabei ausgewogen und fürs elegante Dinner sowie als Alleinunterhalter bestens geeignet.

The **Stump Jump D´Arenberg** aus Grenache, Mourvédre und Shiraz stammt aus dem Mc Laren Vale und ist fruchtig mit elegantem Charakter. Ein Wein mit ausgewogener Säure und rundem, vollmundigen bis ins Finale köstlichem Geschmack, rot und rassig. Ausgestattet mit satten 14 Umdrehungen, die ich auch langsam merke, und damit bin ich mal wieder kein professioneller Weinverkoster, denn ich mache die Flasche auch mal leer bei einer guten CD oder einfach so bei einem entspannten Abend.

Führen wir die erfolgreiche Probierserie fort und kommen zu einem von mir lange verschollen geglaubten Wein von **Felline**, einer zur apulischen Weinelite gehörenden Kellerei. Diese bringen mehrere Weine in preislichen Abstufungen hervor, wobei ich jetzt den Primitivo Manduria vor mir habe, der mit ca. 8 Euro relativ günstig ist. Diesen superben Wein sollten Sie unbedingt probieren und gleich ein paar Flaschen für den Weinkeller kaufen. Ausgewogen und kraftvoll, weinig, so wie ein Wein sein soll, dunkle Farbe, fleischig und fruchtig am Gaumen.

Und auch hier bin ich bezüglich Pinot Noir fündig geworden, der Maison Louis Latour ist ein anmutiger, typischer Pinot mit einem guten Preis-Leistungs-Verhältnis. Er vermittelt einen sehr schönen, umfassenden Eindruck von einem guten Pinot Noir.

An Pinot Noir erinnert mich auch der **Enate von Somantano**. Im Duft zeigt er sich elegant. Seine Noten lassen eine schöne Wärme erkennen. Zunächst erinnern sie an Schokolade, kurz danach sind auch Noten von feinem Marzipan zu bemerken. Im Geschmack ist ein feiner Körper zu erkennen, reich an Aromen, gut ausgewogen, aber vielleicht noch etwas zu jungendlich.

Von Frankreich nach Spanien: **Marques de la Villa,** Tinto Roble, nicht teuer und gut dabei. Im Mund ist er schön schokoladig, leicht rauchig und schmeckt nach überreifen Brombeeren, kräftig und mit Rückrat.

Der **Hardys Private Bin aus Cabernet Sauvignon und Shiraz**, ist ein Massengut der nichts Individuelles oder charaktervolles an sich hat. Ein sauber gemachter Alltagswein halt, von der Art, die optimal als unterstützender Begleiter zu einem Essen Verwendung findet.

Zur Abwechslung mal eine Ausnahme, der **Chateaux des Tours** Appellation Sainte Croix du Mont ist ein Süßwein. Ein voller und buttriger Weißwein mit satten 14 % Alkohol. Aber leider steht beim diesem Wein die Süße und nicht die Eleganz im Vordergrund, er ist einfach ein bisschen zu süß, fast schon klebrig. Ich empfehle lieber den echten Sauternes zu kaufen.

Schon lange habe ich keinen Barolo mehr gekauft, denn die Barolos zählen zu der Art Wein für die man viel Geld ausgeben kann und oft genug habe ich es jetzt schon erlebt, dass man hierfür als Gegenleistung nicht das bekommt was man sich erhofft hat. Das Etikett des **San Zenone** verspricht sehr viel, die Rede ist von komplexen Aromen, Waldbeeren, violetten Blumen (welche genau bleibt ein Geheimnis) und Würzigkeit. Fakt ist, dieser Wein ist durchaus gut, er ist fruchtig und körperreich aber ich vermisse die subtile Eleganz der großen Barolos, die Vielschichtigkeit und Komplexität. Beeindruckt hat mich die konzentrierte Frucht, so als würde man in ein Handvoll Brombeeren beißen. Dennoch, dies ist eher ein einfacher Barolo der gut als Begleiter zum Essen geeignet ist, auch für das etwas gehobenere Essen, mit 17 Euro allerdings auch nicht gerade günstig.

Wooa, ein opulenter und dunkler Wein aus der Primitivo Traube, mit 15 % Alkohol und die Flasche kommt ebenso wuchtig wie der Wein daher. Die gleiche Flasche wie der Mega-Wein Edizione, aber in diesem Vergleich liegt auch schon das Problem. Denn der **Primitivo di Manduria**, Sessantanni ist am Gaumen einfach etwas jünger und frischer, etwas zu jung und rassig. Und für den gehobenen Preis von 20 Euro erwarte ich einen reiferen, eleganteren Wein, hier aber steht die junge Frucht im Vordergrund, obwohl das Bukett nach Lakritz, Kräutern, Schokolade und Kirschen auf mehr Körper und Samtheit schließen lassen würde, was aber leider nicht der Fall ist.

Ich musste die Arbeit an meinem Weinbuch für kurze Zeit unterbrechen, denn ich habe gerade einen neuen Laptop in Betrieb genommen. Super Design und alles was man halt so braucht, ja nachdem ich bei meinem alten Rechner erst mal schlappe 300 Euro investiert hatte (neue Festplatte und Akku) hab ich dann in einem Moment leichter Unbeherrschtheit (verdammte Viren) den Deckel etwas zu heftig zugeschlagen, und wupps, LCD Anzeige hinüber, aber richtig. Im Gegensatz zu manch anderen Laptops ist dieser superleise. Die, die wir auf der Arbeit hatten, da dachte man eine Flugzeug-Turbine läuft an. Ja und bei Turbine denke ich doch direkt an den turbogeilen Edizione Farnese, ich also zu meiner Lieblings-Weinhandlung, und was muss ich mit Schrecken feststellen, keiner da. Ja, die Erklärung war einfach, wenn ich diesen superben Wein bestelle, muss ich als Händler automatisch noch eine bestimmte Menge anderer Standard-Weine aus dem Sortiment von Farnese einkaufen. Egal, von dem Edizione habe ich erst mal drei Flaschen in Auftrag gegeben.

Aber wenden wir uns von zukünftigen Gelüsten ab und testen den **L´atrappe-coeur Chantal Comte.** Ein gut gemachter Wein mit einem intensiven Kirsch-Yoghurt-Bukett, fleischig, fruchtig mit Körper, aber nichts was mich vom Hocker haut. Die Trauben dürften Grenache, Mourvédre, Syrah sein. Dennoch ein guter Wein für einen fairen Preis.

Den Abschluss bildet ein Elixier für bezahlbare 12 Euro. Der Wein der wirklich **Elixier** heißt, ist nicht so wuchtig sondern eine elegante, leichte und dennoch gehaltvolle Erscheinung, die man optimal zu einem stilvollen Essen kombinieren kann, und genau das werde ich auch jetzt machen.

Portwein, Weißwein und Champagner.

Portwein, Weißwein und Champagner habe ich einfach aus pragmatischen Gründen zu einem Kapitel zusammengefasst. Sie haben volumenmäßig den geringsten Anteil an den verkosteten Weinen, damit sie aber nicht geringer geachtet werden, haben alle drei ein gemeinsames Kapitel verdient. Nichtsdestotrotz taucht die eine oder andere Beurteilung schon noch in anderen Kapiteln auf.

Portwein. Mmmm, betörende Aromen von Dörrpflaumen, Rosinen und dunkler, zartschmelzender Schokolade offenbart dieser Portwein. Der **Quinta de la Rosa** strotzt nur so vor Opulenz, ein grandioser Portwein, das Bukett ist einfach atemberaubend ebenso wie der Geschmack. Wer Portwein mag, wird diesen lieben. Der Quinta de la Rosa allerdings schmeckt wie ein fulminanter Rotwein mit heftigem Alkoholgehalt, der sich dezent im Hintergrund versteckt hält. Nicht oft zu finden, ich habe ihn in Hamburg im Weinladen „Weinrot" und in Braunschweig im Citypoint gekauft, aber die Hersteller haben auch eine eigene Website. Diesen Port gibt es in mehreren Varianten, auch in Weiß, es muss aber nicht der Reserva sein, der normale Tawny reicht voll und ganz um auf seine Kosten und zum Gipfel der Genüsse zu gelangen.

Zum Portwein bin ich gekommen durch Saint Ex, und nicht durch den kleinen Prinzen, sondern durch „Wind, Sand und Sterne", ein wunderschönes Buch welches einem mal wieder sagt, lebe, lebe Dein Leben, denn Du hast nur eines und schon morgen kann es vorbei sein.

Für mich existieren zunächst zwei Regeln, an die ich mich beim Portwein-Kauf halte. Hier mein erstes Gebot: „Kaufe niemals einen Portwein unter 10 Euro", die schmecken nach billigen Fusel und Branntweinbohnen, sind wässrig und/oder klebrig. Gebot Nummer zwei „Kaufe keinen Portwein über 30 Euro, es lohnt meistens nicht, es sei denn aus Nostalgiegründen". Ausnahmen von den Regeln existieren natürlich, so kam ich einmal ich die glückliche Situation, einen **1969 von Noval** zu trinken, heidewitzka, das war nun wirklich göttliches Ambrosia. Weich, feiner als der feinste Honig, samtig und leicht fruchtig, hier spürte man mit jedem noch so kleinen Schluck Geschichte.

Noval und Taylors sind sehr bekannte und verlässliche Marken mit einem Sortiment welches bei den Ruby und Tawny Ports anfängt und diverse Jahrgangs-Ports und gereifte, ältere Ports umfasst. Noval gibt es u.a. bei Mövenpick zu kaufen, Taylors ist z.B. bei Karstadt zu erhalten. Der **Calem** hingegen ist mir bisher nur im Fachhandel oder in kleinen portugiesischen Geschäften begegnet, in Hamburg zum Beispiel in der Nähe der Grindelallee oder im natürlich im Schanzenviertel. Und dieser Calem zählt für mich ebenfalls zu den Top-Portweinen. Vergleicht man ihn mit dem Quinta de la Rosa, kommt er etwas leichteren Schrittes daher. Zum ersten Mal habe ich den Calem in Portugal verkostet. Ich bin mal mit dem Auto quer durch alle Regionen gereist und habe dabei ganz einfach immer Zeltplätze angesteuert. Das Land ist unglaublich abwechslungsreich und hat einen immense Vielfalt an kulinarischen Verführungen zu bieten. Eine Reise wert, nicht nur wegen des Ports.

Champagner. Welches ist der beste Champagner, hier ist mein Normandie-Mitstreiter mit mir einer Meinung. Wie hängt die Normandie nun zusammen mit Champagner, na ja, auf dem Weg dorthin sind wir halt des Öfteren an den Champagner Hochburgen vorbeigefahren, und da wir fast immer zu seinem Geburtstag in der Normandie sind, brauchen wir auch Champagner! Es gibt ja schon Champagner für unter 15 Euro, und letztens habe ich einen solchen aus dem Discounter **Lidl** probiert. Der Unterschied war mehr als offensichtlich. Vor mir im Glas befand sich ein eher unauffälliger Champagner, keine Spur von Eleganz und nur wenig moussierend, schon etwas enttäuschend. Sicher, trinken kann man auch den, ein einfacher Champagner zu einem fairen Preis.

Auch der Champagner von **Aldi** ist okay, ist aber nicht der Wunder-Champagner für wenig Geld, als der er immer durch irgendwelche ominösen Gerüchte behandelt wird. Er ist ein, wie F. Kämmer in seinem eher drögen Weinratgeber „Kleines Lexikon der Wein-Irrtümer", treffend urteilt:„ein seriös gemachtes Produkt....Mit den teuren Spitzencuvées der großen Marken hat er aber nichts zu tun."

Der Luxus und die Faszination des Champagners bleiben hier verborgen. Gehen wir also zu den Marken über, die jeder kennt. Die Standard-Champagner der wohl bekanntesten Marken wie Moet & Chandon und der Witwe Cliquot finde ich einfach zu hart und zu überteuert.

Mein Lieblings-Champagner, den man zu erschwinglichen Preisen erhält, ist der Einfache von **Pommery,** zu erkennen am blauen Etikett. Die anderen Etiketten, die für Jahreszeiten stehen, sind auch okay, aber der Blaue ist einfach der genialste. Er weist eine milde Säure auf, man kann also getrost eine ganze Flasche vertilgen ohne Sodbrennen zu bekommen wie von manch andern. Er ist fruchtig und schmeichelt dem Gaumen, mit einem lang anhaltenden Abgang und einem angenehmen Geschmack von frischen Äpfeln.

Im Genuss-Ranking folgen unmittelbar die Standard-Champagner von **Taittinger und Bollinger,** der Champagner den 007 zu trinken pflegt. So müssen Champagner munden.

Der Rolls Royce, oder sollte ich eher sagen der Bentley, unter den Champagnern, ist der **Moet & Chandon Dom Perignon**. Ich hatte die auserwählte Freude den 95er sogar zweimal zu verkosten. Ich würde eher sagen Bentley, denn der Bentley vereint zeitlose Eleganz mit unglaublicher Power und Faszination, während der neue Rolls zu klobig daherkommt, finde ich. Eine der beiden Dom Perignon habe ich würdevoll am Sylvesterabend oberhalb des Hamburger Hafens mit meinem besten Freund geteilt, direkt aus der Flasche. Dieser Champagner ist, von denen die ich bisher verkostet habe, einfach die Krönung der ganzen Champagner, zugegebenermaßen neben dem **Krug Grande Cuvée.** Königlich schreitet dieser daher, mild und alle Geschmacksknospen aktivierend. Bei einer lang anhaltenden Perlage füllt er mit seiner opulenten Geschmeidigkeit den gesamten Mund aus und hält sich noch lange nachdem man sich dann doch endlich überwunden hat ihn herunterzuschlucken. Einfach ein Erlebnis.

Das preisliche Pendant von **Veuve Cliquot, Le grande Dame**, dagegen verhält sich eher schüchtern und zurückhaltend, so dass ich eher von Le petit Dame sprechen würde, kein Vergleich zum Dom Perignon.

Ein weiterer Vertreter dieser hochpreisigen göttlichen Tropfen ist der **Pommery Louise.** Na ja, schon ein opulenter Champagner, keine

Frage, aber an den Dom Perignon kommt auch er nicht heran, lieber den Pommery mit dem blauen Etikett kaufen.

Uijuijui jetzt wird der Geldbeutel wirklich etwas überstrapaziert, wir haben dafür allerdings auch einen wirklich majestätischen Champagner vor uns. Das Flagschiff des Krug Imperiums, den **Krug Grande Cuvée,** an Fülle und Komplexität kaum zu übertreffen, vor Kraft strotzend, herrliche Perlage, butterweich, elegante Säure und samtig. Aber holla, 130 Euro, das ist schon heftig, da würde ich dann vielleicht doch lieber den etwas günstigeren Dom Perignon kaufen.

Auch in der Woche sollte man sich durchaus mal was Edles gönnen, „treat yourself" sagen die Engländer, und hier habe ich einen weiteren Volltreffer gelandet. Natürlich habe ich all diese herrlichen Champagner nicht unmittelbar aufeinander folgend verkostet, sondern über Wochen den Genuss hinausgezögert.

Der **Louis Roederer** ist einfach yummy, verzückend, angenehm weich im Mund, voller Körper, angenehme Säure und herrlich moussierend, vielleicht am Anfang etwas zu stark moussierend. Nebenbei erwähnt ist er leider etwas zu teuer, ich verweise erneut auf den blauen Pommery, aber auf der anderen Seite, Roederer kennt nicht jeder, da kann man schon mal die Herzensdame mit etwas Wissen über dieses edle Getränk, beeindrucken.

Kulinarische Köstlichkeiten und Weißweine. Über

die Weißen habe ich nicht ganz so viel zu berichten, ich stehe mehr auf Rot, obwohl es natürlich herrliche Weißweine gibt. Aber Rot ist wärmer und sinnlicher und irgendwie schmackiger. Auch im Sommer trinken wir dann eher einen einfachen Roten, von denen wir hier so einige verkostet haben oder einen eleganten Champagner, der zwar in der Regel aus roten Trauben hergestellt wird, aber dennoch unter den Weißen hier Platz findet.

Mmmh, ich weiß ja nicht wie Sie so zu kulinarischen Köstlichkeiten stehen, aber ich liebe einfach gutes Essen seit ich damals angefangen habe zu Kochen, im zarten Alter von 13 Jahren, weil ich einfach neben den fünf Standardessen meiner Großeltern, die oft für uns Essen gekocht haben, nach Abwechslung dürstete. Nun, seit damals liebe ich es selber zu Kochen, und natürlich auch gut Essen zu gehen. Wobei es mit den kulinarischen Exkursionen natürlich so eine Sache ist, es ist schon nicht gerade billig, und zum satt werden ist es halt auch nicht wirklich gedacht, es sei denn man legt richtig Kohle auf den Tisch und geht direkt zum Menü über. Wer in die Abgründe der Kochkunst blicken möchte und auf wilde Kochabenteuer aus ist, der sollte unbedingt Bücher von A. Bourdain lesen. Allerdings sind so manche Passagen nicht für empfindliche Gemüter geeignet. Auch Krustentiere sind nicht jedermanns Sache, aber Sie müssen sich auf jeden Fall mal einen Hummer besorgen, die Gefrorenen sind einwandfrei, und dann im französischen Kochbuch nachschlagen und ein Hummergericht zubereiten, ah Ambrosia für die Seele. Zusammen mit einem schönen Chablis oder Chardonnay ist dies wirklich ein Festtagsessen.

Ein gutes Preis-Genuss-Verhältnis weist z.B. der Chardonnay von Santa Rita 120 auf. Samtig, prickelnde Frische umspielt den Gaumen, gepaart mit einer leichten angenehmen Säure und milder Honigsüße bei beachtenswerten 14,5 % Alkohol. Ein rundum gelungener Wein.

Von Krebsfleisch bin ich auch begeistert, vergessen können Sie allerdings die eingefrorenen Krabben, die schmecken meistens nur schwach nach Krustentieren, besser sind da schon Garnelen, aber auch teurer. Also den Krebs muss man natürlich schon genau zu handhaben wissen, als ich ihn damals in der Normandie am Strand auf unserem kleinen Falt-Grill platzierte, bekamen wir erst mal einen Schrecken denn plötzlich bewegte sich der Kollege hier und da. Aber nach dem Grundsatz live and let die haben Michael und ich Ihn dann doch zubereitet. So, und da ich bisher auch noch keinen ganzen Krebs vor mir hatte, wir natürlich kein professionelles Werkzeug dabei hatten, es zudem langsam dunkel wurde, und das Fleisch in den Scheren sehr rar und schwer zu extrahieren war, habe ich mit vollster Überzeugung Michael versichert das Innere vom Krebs, da liegt das Gute verborgen. Na ja, skeptisch waren wir schon, denn so richtig gut sah es nicht aus was da vor uns lag, aber was soll's, da mussten wir jetzt durch. Was soll ich berichten, das Innere schmeckte grausam, ungenießbar, es ist, das haben wir dann in Erfahrung gebracht, auch nicht wirklich zum Verzehr gedacht. Zu unserer großen Erleichterung waren noch ein paar von den exzellenten Würstchen da, die wir dann mit Cidre zusammen verschlungen haben. Und nach einer Flasche Portwein zum

Abschluss war es einfach überwältigend im Schlafsack am Strand zu liegen und den Sonnenuntergang zu beobachten, dann langsam einzuschlafen, umgeben von unendlichem Frieden und in Einklang mit der Natur.

Zu dieser Gelegenheit hätte auch der Sancerre Domaine les grandes groux von Karstadt harmoniert. Es ist ein eleganter, fruchtiger Wein mit einer leichten Apfelnote, aber im Gesamteindruck etwas härter als der Santa Rita, was sicherlich auch damit zu begründen ist, das der Santa Rita im Barrique ausgebaut wurde.

Auch der Pouilly Fume La Tuillerie hätte gut zum Hummer oder zum Krebs gepasst. Er beeindruckt mit einer angenehmen fruchtigen spritzigen Note bei einem eleganten, weichen und samtigen Geschmack. Körperreich und kraftvoll, buttrig, wie man so schön sagt, ein herrlicher Begleiter ebenfalls zu Austern.

Man sollte allerdings immer ein paar mehr Austern kaufen als man wirklich benötigt, denn hier ist immer ein gewisser Schwund zu verzeichnen. An den Austern liebe ich im Grunde genommen nur das eingeschlossene Meerwasser, so sanft, leicht salzig, man schmeckt das Meer, die unendlichen Weiten, Freiheit, den Wind im Gesicht, die Gischt, die Wellen, einfach unbeschreiblich, die Erinnerungen und Bilder sind es einfach wert, dann und wann eine Auster zu kaufen, so als sensorisches Heimkino, sozusagen. Aber die Auster als solche, also dieses schwabbelige Innere, wieso soll ich dass herunterschlürfen, ist doch eklig, man schlürft es ja nur herunter, man kaut nicht darauf herum, man zerreibt es nicht (es sei denn man überbäckt die Austern mit Käse), und da frage ich mich warum, also weg damit, nennen Sie mich ruhig einen Banausen.

Zum Abschluss für all diejenigen unter Ihnen, die nicht auf Prosecco oder Sekt verzichten möchten, sei der von Prosecco von Kattus und Martini zu empfehlen. Sekt habe ich nicht verkostet, der ist mir einfach viel zu säurebetont, außerdem muss ich davon immer tierisch aufstoßen, ist doch auch nicht schön, oder.

Jacques´ Weindepot.

Diese Depots sind schon eine tolle Erfindung. Man kann eine enorme Auswahl an Weinen verkosten, natürlich nicht die wirklich teuren, um dann im Anschluss gezielt einkaufen. Ich bin das eine oder andere Mal ganz gut angeheitert aus dem Depot heraus spaziert, mit ein paar ordentlichen Weinen in der Hand. Außerdem hat man hier auch noch die Möglichkeit Weinkisten zu ergattern. Ich liebe ja dieses Holzkisten in denen die teuren Bordeaux-Weine liegen, bei Jacques´ kann man mit etwas Verhandlungsgeschick so eine Kiste mitnehmen, wenn man die gesamten darin befindlichen Flaschen kauft, seien es 12, 6 oder auch nur zwei Flaschen. In meinem Fall hatte ich aber keine Probleme die drei Flaschen des Bordeaux **Chateau Dauzac** zu erstehen, samt Kiste. Nicht ganz günstig, da pro Flasche 27 Euro zu berappen waren, aber der Wein ist wirklich ein verführerischer, klassischer Bordeaux. Allerdings rücken die Depotinhaber die Kisten nun auch nicht mehr so ganz ohne raus, denn sie sind dazu übergegangen diese Kisten mit als Präsentkorb zu verkaufen, klar, so kann man auch noch Geld machen. Manche Depot-Inhaber sind aber irgendwie schräge Vögel, von Kundenorientierung haben die nicht viel gehört. So habe ich auch schon mal den Laden, in der festgefahrenen Diskussion um eine Holzkiste, verlassen und die bereits ausgesuchten Flaschen an der Kasse stehen gelassen.

Hier hoppeln viele Kängurus. Vier Australier bilden den Einstieg in die Welt von Jacques´ Weindepot. Ein Genuss ist der **Tatachilla Cabernet Sauvignon** aus Australien mit einem Bukett von Kräutern und Schokolade sowie Noten von geröstetem Toast und Lakritze. Im Glas präsentiert sich der Wein mit einem tiefen Karminrot. Im Geschmack ist er ausgewogen und exorbitant beerig. Für knapp 18 Euro aber auch nicht gerade günstig.
Der kleine, und mit 9 Euro günstigere, **Tatachilla aus Cabernet Sauvignon und Shiraz** hat durchaus etwas Eigenständiges. In der Nase ist er aber sehr verhalten. Das verhaltene Wesen macht sich

auch am Gaumen bemerkbar, lediglich Apfelnoten von Granny Smith treten in den Vordergrund, grün und frisch, fast wie ein Weißwein.

Der **Frank Potts** mit seinen wuchtigen 14,5 % Alkohol besitzt einen wirklich eigenen Charakter und sehr viel Temperament. Sein Duft wird bestimmt von Noten von roter Frucht, insbesondere rote Johannisbeere. Dies erinnert mich stark an die Produktreihe der 120 Santa Rita Weine, ebenfalls mit intensivem Geschmack von roten Johannisbeeren. Im Geschmack ist er ausgewogen. Er besitzt eine angenehme Säure und schöne Fruchtnoten. Ein weicher, kraftvoller Wein mit einem langen Finale. Allerdings mit fast 20 Euro auch nicht gerade ein Schnäppchen.

Dem nach Lakritze und Apfelkuchen mit Rosinen duftendem **Pirramimma** aus der Pinot Verde Traube steht ein voller, warmer Geschmack mit schön ausbalanciertem Abgang gegenüber. Mit diesem komplexen Wein, bei ebenfalls wuchtigen 14,5 % Alkohol steht einem stilvollen Dinner nichts mehr im Wege, aber auch nicht gerade günstig. Unglücklicherweise waren somit die ersten drei guten Weine von Jacques´ etwas teuer, aber zu den preiswerteren kommen wir auch noch.

Bei Jacques´ hervorzuheben ist, dass es die Möglichkeit gibt, durch Bonuspunkte Prämien, bzw. Wein, zu erhalten. Wow, also jetzt hab ich schon 11 Euro Bonuspunkte bei Jacques´ gesammelt. Mit den ganzen Bonuskarten habe ich es ja ansonsten nicht so wirklich, ich mag es einfach nicht wenn mein Portemonnaie so überladen ist, und dann wenn ich bei Karstadt für 130 Euro einkaufe liegt die Karte natürlich zuhause, aber bei Jacques´ funktioniert es sogar, dass ich mich nur über meine EC Karte identifiziere, man fragt sich natürlich wofür dann die eigentliche Kundenkarte benötigt wird?

Na egal, ich habe auf jeden Fall dort nach längerer Zeit mal wieder einen schönen Einkauf getätigt. Irgendwie habe ich es wohl gerade auf die Australier abgesehen, denn meine Notizen knüpfen an der letzten Verkostung an, bei eben den Australiern. Der **Maglieri Mc Laren Vale Cabernet Sauvignon** bezaubert mit Noten von getrockneten Bananen und roten Früchten, da macht es doch mal wieder Spaß die Nase tiefer ins Glas zu halten und den Duft einzusaugen. Mittlerer bis voller Körper, nicht so wuchtig dafür etwas fruchtiger, mit Charakter, eingebettet in sanfte Tannine und gefällig frische Säure. Ich glaube nicht dass er in Barrique ausgebaut wurde obwohl der typische Röstton das Bukett unterstützt. Auf dem Etikett wird keine Reifezeit in Fässern erwähnt, was bedeutet, dass hier bestimmt Eichenspäne im Einsatz waren. Ein Wein, der genau richtig ist, wenn man viele von den wuchtigen Weinen verkostet hat, und etwas Abwechslung sucht.

Hingegen ist der **Reynella Shiraz Mc Laren Vale** mit 21 Euro zu flach, zu wenig Ausdruck, zu wenig Körper, ein schwaches Bukett und einfach nicht überzeugend. Für diesen Preis stellt er nun doch eine Enttäuschung dar.

Als nächstes haben wir den **Hardys Cabernet Sauvignon und Shiraz** für drei Euro weniger als der Maglieri auf dem Tisch. Doch was können drei Euro für einen Unterschied bedeuten. Also dieser Hardys ist eine Alltagswein, den man leicht gekühlt so wegtrinken kann. Bei mittlerem bis leichten Körper hat er weder ein ausgeprägtes Bukett noch Ecken oder Kanten.

Penfolds ist eine gigantische Kellerei, einer der Big Player im globalen Weinkarussell. Ihre Weine decken alle Preisklassen ab, von Alltagsweinen bis hin zu Spitzenweinen die im gleichen Atemzug mit Mouton Rothschild erwähnt werden. Ich habe mal den **Cabernet Sauvignon und Shiraz Private Bin** aus der Einstiegsklasse zu knapp acht Euro probiert. In der Nase zeigen sich rote Beeren mit einer leichten Himbeerdominanz, der Körper ist okay, eigentlich nicht schlecht der Wein, aber er zeigt nichts Eigenständiges, außerdem hat er noch ein bis zwei Kappen Weichspüler bekommen, also ein kuschelweicher Plüschhäschen-Wein für das Millionen-Publikum. Ein gefälliger Alltagswein, den man gut trinken kann.

Dagegen ist der **Penfolds Bin 389** aus ganz anderem Holz geschnitzt, klar aus dem Fass 389, nein so war es nicht ganz gemeint. Das Duftspektrum ist vielfältig, intensiv und gut strukturiert. Man riecht deutlich die typischen, beerig-würzigen Noten des Cabernet Sauvignon heraus. Im Geschmack ist er ausgewogen. Er besitzt herrlich weinige Fruchtnoten und füllt kraftvoll den Mund aus. Das hat aber auch seinen Preis, mit 30 Euro ist er nicht nur der teuerste Australier in meinen Notizen, sondern auch einer der teuersten Weine von Jacques´ Weindepot. Kein Alltagswein, ein weicher Wein mit einem langen Finale, der aber zur vollen Entfaltung etwas Zeit im Glas benötigt.

Ein bunter Teller. Nachdem ich zum Einstieg so viele Australier präsentiert habe, habe ich diesmal eine bunte Mischung eingekauft. Ein guter Wein für einen fairen Preis von knapp 10 Euro ist der **Vinalcasta**, er wird abgefüllt von einer Genossenschaft aus der Region Toro. Er duftet dezent nach Dörrpflaumen und Vollmilchschokolade, ist fruchtig mit einem Touch Tannin dabei. Dieser mittelgewichtige Wein macht ihn zum idealen Begleiter für die gehobene Küche.

Zwei Weine aus unterschiedlichen Ländern, aber im Testergebnis identisch, **Maglieri Mc Laren Vale Shiraz,** von dem ich schon den Cabernet Sauvignon verkostet habe und Chateaux Saint Auriol. Kommentar: okay, grundehrliche Weine ohne Makel, aber halt auch nichts Besonderes, einfacher Wein für einfaches Essen.

Weiter geht's mit der bunten Länderreise: Südafrika, **Laurens River Valley**, für 18 Euro kein preisgünstiger Wein, aber wer jetzt dachte da kann man mal öfter bei Jacques´ zu schlagen, den muss ich leider enttäuschen. Ein schlichtes Wesen mit einem durchaus samtigen Geschmack, wobei aber die Apfel-Note zu stark im Vordergrund steht, damit ist er zu spritzig-kernig und überteuert.

Als Übergang zum nächsten Abschnitt noch ein kleiner Auszug aus den faux pas meines Depot Eigentümers: „Ja, der Unterschied zwischen den beiden Montes ist der, dieser ist besser". Ich schaue ihn fragend an und erwarte ein paar erklärende Ausführungen, doch das war's. Oder, folgende Situation. Ich betrete gerade den Laden, er schaut mich an und sagt „Oh, ja ich wollte mir gerade ein Brötchen holen". Ja selbstverständlich, machen sie ruhig während der regulären Öffnungszeiten die Filiale dicht und ich warte hier vor der Tür, oder wie. Sachen gibt es.

Cabernet Sauvignon.

Cabernet Sauvignon. Der für den chilenischen Cabernet Sauvignon typische, (manchmal zu intensive) Duft von roten Johannisbeeren und Geschmack spiegeln sich eben in diesem Wein wieder. Vermischt mit etwas Tannennadeln in der Nase präsentiert sich der **Montes Alpha Cabernet Sauvignon**, der auch bei Karstadt erhältlich ist. Ein schönes Bukett welches sich am Gaumen gut abbildet. Der Wein ist wirklich gut, hat einen eigenständigen

Charakter und die Bestandteile des Weins sind gut aufeinander abgestimmt.

Vorbildlich sauber mit fruchtigem Bukett und überzeugendem Geschmack sind die beiden Cabernet Sauvignons mit 14 % Alkohol. Der Duft von roten Früchten vereint mit Cassis und dem durchaus eigenständigen Charakter verleiten einen dazu, diese beiden Chilenen nicht nur als Begleiter zum Essen zu genießen. Zudem werden sowohl der **Louis Felipe Edwards als auch der Torreon de Parades** zu einem sehr fairen Preis angeboten.

Ebenfalls aus Cabernet Sauvignon hergestellt wird der **Montes Curico**, der kleine Bruder von Montes Alpha. Ein grundehrlicher Wein zu einem erschwinglichen Preis, man schmeckt Cabernet Sauvignon gut heraus, ein paar Tannine ein bisschen Säure, weich gemacht, das war es dann auch.

Der **Finca el Diamante** aus Argentinien besteht zusätzlich noch aus Malbec-Trauben. Ein hochklassiger Wein zu einem erschwinglichen Preis. In seinem blumigen Bukett finde ich einen verführerischen Anklang von Veilchen und Lavendel die sich auch im Geschmack wieder finden. Der kräftige, würzige Körper wird eingebettet in weiche Tannine und von einem dezenten Süßholzgeschmack abgerundet. Beim Betrachten der Flasche brachte mich die Äußerung auf dem Rückenetikett „Zarter Ausbau in 225L Barriques" zum Schmunzeln.

Der **Farnito von Carpineto** kommt aus der Toskana und erinnert vom Aromenspektrum an einen Bordeaux-Wein. Rote Früchte und ein Kräuterbukett vermischt mit Vanille, ausgebaut in Eiche. Bei mittlerem bis vollem Körper zeigt er sich bei einem ausgewogenen Säure-Tannin-Verhältnis zunächst noch verschlossen. Den Wein kann man auch solo trinken, allerdings bietet er keinen wirklichen Geschmackshöhepunkt und ist mit seinem 22 Euro schlichtweg überteuert.

Grillweine und mehr. Im Frühling und Sommer trinke ich ja automatisch weniger von den schweren Weinen, sie vertragen sich einfach nicht mit den wärmeren Temperaturen, wenn wir diese denn haben. Fügt man diesem Phänomen noch etwas Fitness und ein Pockenwegprogramm zu, also z. B. fettreduzierte Erdnusslocken, kann auch der Wein leichter sein. Früher hießen die Dinger Erdnussflips, was soll's, schmecken ganz gut, kosten aber das Dreifache der nicht fettreduzierten, ist folglich klar welche Locken sich demnächst wieder im Einkaufswagen befinden werden, oder.

In meiner alten Wohnung in Braunschweig fand das Degustieren schon in einem skurrilen Umfeld statt. Bei Grillaktionen im Garten kommen halt die einen oder anderen Nachbarn aus dieser Kleinsiedung hinzu. Ein Tamile, der so laut telefoniert dass man es in der ganzen Siedlung hört, ein deutscher Arbeitsloser, der sich Schlangen hält, ein Detektiv aus den neuen Bundesländern, und Shorty, ein kurzer Rentner halt. Jeder erzählt so seine Story und ich burne in der Sonne ziemlich gut weg, mitten drin in diesem merkwürdigen Kosmos. Ja zum Grillen gehört natürlich ein Weinchen dazu, und ehrliche Alltagsweine gibt es bei Jacques´ einige.

Eine Mischung aus Grenache, Carignan und Mourvédre stellt der **Robere Chateaux de Monpezat** aus der Region Corbiere dar. Alles in allem ein guter, sauber gemachter Wein, schöne dunkle Farbe, fruchtig und mit mittlerem Körper. Gut trinkbar, ein solider Begleiter und Grillwein, aber mehr nicht.

Im gleichen Stil sind auch der **Chateaux Laville Bertrou** von Gerard Bertranol aus dem Minervois sowie der **Bourgogne Pinot Noir.**

Der **Salbanello von Paladin** aus Cabernet Sauvignon und Malbec, wie auch der einfache Diego de Almagro sind grundehrliche Alltagsweine. Nichts besonderes, ideale Begleiter für Pizza und Pasta und fürs Picknick im Sommer, leicht gekühlt gehen sie locker die Kehle hinunter.

Dagegen gefiel mir der **Gran Reserva von Diego de Almagro** um Längen besser. Er wird zu 100 % aus der Tempranillo-Traube gewonnen und lagert 24 Monate in amerikanischer Eiche. Die Aromen sind zwar etwas verhalten aber im Geschmack wirkt er elegant mit einer guten Struktur, harmonisch und mit weichen Tanninen. Darüber hinaus lädt sein Preis regelrecht zum Kauf ein. Er kostet keine acht Euro.

Il mio vino. Der **Le Bocce** ist ein typischer junger Chianti Classico von Farina. Ein erfrischender Wein mit natürlich jugendlichem Charme und Vitalität, aber etwas teuer. Ein weiterer Wein von Farina, ebenfalls mit dem Markennamen Le Bocce, aber eine andere Cuvée, ist der Rosso Toscano, empfehlenswert, aber noch etwas tanninherb, bei schöner konzentrierter Frucht. Ein gehaltvoller Sangiovese im Barrique ausgebaut, körperreich und beerig, sollte aber noch etwas lagern.

Als nächstes habe ich zwei Sangiovese zu je 6 Euro. Ein kleiner Genuss ist der nach Brombeeren und Heidelbeeren duftende **Sangiovese von La Carreia,** im Gambero Rosso mit 2 Gläsern ausgezeichnet. Ja, die hat er auch verdient könnte man zustimmend sagen. Mittelgewichtig, weinig, Tannine und Säure verbinden sich harmonisch, erfrischend und ansprechend.

Der Nächste riecht eher wie ein Beaujolais oder wie ein günstiger Pinot Noir, und doch soll es die Sangiovese Traube sein. Untypischer Geschmack, nicht unangenehm aber doch ein ziemlicher Unterschied zu dem La Carreia. Der **Luccarelli** mit seinem lustvoll süffigen Geschmack ist auch eher ein Produkt welches auf den Geschmack des Durchschnittskonsumenten zugeschnitten, weich ohne Ecken und Kanten und ohne Eigenständigkeit. Ein Kunstname, kein eigenständiges Weingut sondern von einem bekannten Erzeuger abgefüllt und versehen mit einem Qualitätssiegel von Jacques Weindepot auf dem Rückenetikett. Taugt nichts.

Ein gelungenes Finale.

Bevor im zum Schluss komme, noch meine Notizen zum dem **Montes,** den es nur zu einem bestimmten Zeitpunkt bei Jacques Weindepot gibt. Dunkle Farbe, in der Nase und im Mund ist er einfach voluminös, fruchtig und schokoladig mit einer leicht rauchigen Note, aber dezent. Es ist einfach so als würde man in eine handvoll Brombeeren hineinbeißen, leicht vergoren, mächtig.

Nun folgen noch eine Ausnahme und dann die Schlussnotiz. Aus Sauternes kommt der **Chateaux Doisy-vedrines,** und hier liegt wohl ein herrlicher Vertreter seiner Art vor mir. Die Weine aus Sauternes haben mit süßen Billigweinen so gar nichts gemeinsam. Mit 13,5 % Alkohol ist dieser edle Süßwein eleganter, fruchtiger und leichter als weißer Portwein. Er glitzert bernsteinfarben und fließt schwer an den Glasrändern herunter. Dieser exotisch-würzig duftende Wein ist vom Geschmack überwältigend, wuchtig und gehaltvoll, mit einer raffinierten Süße. Ein Tropfen für die Götter.

Ein besonderer Leckerbissen ist auch der **Chateaux D´issan** aus Margaux. Ein schöner, typischer Grand Cru Classe Bordeaux aus dem Mittelfeld mit einem guten Preis-Leistungs-Verhältnis als gelungener Ausstieg aus dem Kapitel Jacques´ Weindepot.

Weinbücher.

"Eine Dampflok fährt an, Rauchwolken steigen stoßweise auf, mit großem Getöse fährt sie aus dem Bahnhof, und feiner Ruß legt sich auf den Bahnsteig, Eiserne Faust ohne Samtschuh." Dies ist eine Weinbeurteilung. Das dazugehörige Buch werde ich dann auch verschenken. „Die Rotweinelite Deutschlands" ein Weinführer der Brüder Lange. Mein Problem ist erstens: Rotwein aus Deutschland kann einfach nicht mit den Roten der restlichen Welt mithalten, meine ganz persönliche Meinung. Zweitens sind die Beurteilungen der Weine teilweise schon sehr skurril. „Der Vulkan spuckt große Brocken in die Luft. Ein Naturschauspiel, das man sich nicht entgehen lassen sollte. Der einen Felsen fängt kann sich glücklich schätzen,„.Tja soweit also dazu. Wer natürlich mehr über Rotweine aus Deutschland erfahren möchte, oder abgefahrene Beurteilungen sammelt, der greife zu.

Kinofilme und Bücher. Das Buch zum Kinofilm „Sideways" ist bestimmt lesenswert. Da ich aber den Film gesehen habe, kaufe ich mir dieses Weinbuch mal nicht. Den Film fand ich wirklich amüsant, mit witzigen Szenen, ein schöner Film bei dem Wein eine gewichtige Rolle spielt. Man bekommt auf jeden Fall Lust eine schöne Flasche Wein zu entkorken und eine Weinreise zu machen. „Ein perfekter Jahrgang" ist ebenfalls ein Film über Wein, eingebettet in eine romantische Story, optimal für einen gemütlichen Abend.

Kriminalromane.
Weiter geht's mit einem Kriminalroman mit integriertem Weinführer von M. Böckler „Sterben wie Gott in Frankreich". Na, hört sich erst mal interessant an, oder, weckt doch Neugier dieser Titel. Es handelt sich um einen schönen Schmökerroman, entspannend, optimal für einen Sonntagnachmittag. Verschiedene Weine und Weingüter werden gut in die Geschichte eingebettet, die Story allerdings selbst ist etwas lahm. Man sollte keine Hochspannung erwarten, sondern Entspannung. Die Rezension in einem bekannten Weinmagazin lautet hierzu „...die Pointe ist überraschend, die Darstellung der Personen etwas flach...". Konkrete Weinempfehlungen konnte ich leider nicht aus dem Buch

von Böckler mitnehmen, da es sich überwiegend um exklusive und teure Weine handelt. Als Taschenbuch kann man es sich mal zulegen.

Ein weiteres Buch von M. Böckler ist „Vino Criminale". Man sollte auch hier keine Superspannung a la Da Vinci Code erwarten, aber mir gefällt dieses Buch. Ein schöner Schmökerroman für den Abend, leichte Kost halt, und man wird erneut entführt in eine wunderschöne Weinregion, diesmal Italien. Außerdem befinden sich am Ende des Buches auch diesmal wieder umfangreiche Notizen zu Weinen, Regionen, Hotels und Restaurant. Anregende Informationen und Tipps, auch wenn die meisten Unterkünfte im gehobenen wie auch im Luxussegment zu finden sind. Das wird verständlich, wenn man annimmt das der Autor diese Reise in Person durchgeführt hat und kein Kostverächter ist.

Der Roman von Anne Chaplet „Wasser zu Wein" spielt in den deutschen Weinbergen, auch eine ganz nette Geschichte, ein guter Schmökerroman zum Entspannen, aber kein unbedingtes must-have.

Weinratgeber und Einkaufsführer. Merkwürdige
Ratschläge entnehme ich dem Buch mit dem Titel „Keine Angst vor Wein – Die ultimativen Insidertipps für Ein-, Um-, und Aussteiger" erneut von den Gebrüdern Lange. Natürlich habe ich mich auch zuerst gefragt, was sollen Insidertipps genau sein, und was sollen diese für Aussteiger bedeuten. Na ja, ums kurz und schmerzlos zu machen, ich hab das Buch relativ schnell durchgelesen, es ist eigentlich nur für den Einsteiger gedacht und enthält dabei so merkwürdige Formulierungen wie z.B. „Wer glücklich werden will braucht einen eigenen Weinvorrat, 100 Flaschen sind ganz gut. Punktebewertungen sind nicht viel wert. Trinken Sie gegen den Trend". Ja, gut, 100 Flaschen habe ich bei weitem nicht und bin trotzdem glücklich, Bewertungen machen Sinn, Punktebewertungen durchaus auch, es muss ja nicht die 100 Punkte Skala von Parker sein, denn ob ein Wein nun 92 oder 94 Punkte erhält ist für mich auch schwer nachzuvollziehen. Und was heißt gegen den Trend trinken. Also ich halte dieses Buch für nicht gerade geglückt, die Autoren versuchen krampfhaft lustig und locker zu sein, was daneben geht, und die Informationen sind wie gesagt für absolute

Einsteiger. Außerdem wird nicht ein einziger Wein aus dem deutschen Lebensmittelhandel bewertet, also keine Spur von Einkaufsratgeber.

Auch in einem älteren Buch der Gebrüder Lange „Crashkurs Wein" wird keine einzige konkrete Wein-Empfehlung ausgesprochen. Dennoch gefällt mir dieses Buch schon etwas besser als das eben angeführte, aber ich kann mich mit der Tonalität und dem Stil der Beiden einfach nicht anfreunden. So sagen sie, dass Supermarkt-Weine allesamt gesichtslos sind, und das Beste an ihnen die Etiketten wären. Das ist absoluter Humbug, gefährliche Verallgemeinerung und stimmt so einfach nicht. Erstens definieren sie Supermarkt nicht, auch Discounter fallen hierunter und Kaufhäuser aber nicht, und zweitens gibt es durchaus wirklich gute Weine hier zu kaufen, man muss nur wissen wo und welche. Meine Erfahrungen dürften Ihnen hier durchaus ein Stück weiter helfen. Wer im Kaufhaus kauft, also auch bei Karstadt, wird abgetan als klassischer Sonntags-Käufer. Das geht so nicht, bei Karstadt gibt es phänomenale Weine und verlässliche Alltagsweine, nicht nur für den Sonntag. In der Mitte des Buches echauffieren sie sich über Weinbeschreibungen in Katalogen, benutzen aber einen noch skurrileren Stil in „Keine Angst vor Wein". Ich kann mir nicht helfen, aber ich werde mit diesen Brüdern einfach nicht warm, wie viele Bücher sie auch noch veröffentlichen.

Der Buchmarkt ist ja überschwemmt mit Werken über Weine, da findet man alles mögliche, den Weinatlas, Wein ABC, schmecken testen trinken, Welcher Wein zu welcher Frau, Wie werde ich Weinsnob, Super Weine aus dem Supermarkt, Bücher über alle Wein-Länder, teilweise kiloschwere Wälzer, aber eigentlich hat das nichts daran geändert dass meine Freunde und ich wie schon eh und je immer noch vor dem Regal stehen und die Weinauswahl nach eigenen Erfahrungen durchführen. Kaum sieht man jemanden der dort mit einem Einkaufsführer steht und gezielt etwas aussucht. Man sollte sich wundern wie viele Menschen den Wein nach einem schönen Etikett aussuchen. Klar spielt die Ästhetik eine große Rolle, ich hab auch mal bei zwei gleich guten Bohrmaschinen die Blaue gekauft, weil Grün nicht meine Farbe ist, aber die Bohrmaschinen haben identisch im Test abgeschnitten, das ist beim Wein lange nicht so, die Unterschiede sind immens.

Der Supermarkt hat den gravierenden Nachteil, man kann nicht probieren und ist auf eigenes sowie sekundäres Wissen angewiesen, wobei sich Geschmäcker ja bekanntlich unterscheiden. Karstadt ist kein Supermarkt sondern ein Kaufhaus mit einer umfassenden Weinabteilung. Dennoch testet F. Kämmer in seinem Buch „Super Weine aus dem Supermarkt" Weine aus eben auch dieser Einkaufsstätte, denn dass ist ja die Intention seines Buches, und er beschreibt die Weine für wenige Euro in den höchsten Tönen, glaubt man dem, hat man für nur fünf Euro so ein Hochgefühl für die Sinnesorgane wie kaum zuvor. Er spricht von herrlichen Düften und erstklassigem Geschmack, hallo jemand Zuhause, es handelt sich hauptsächlich um normale Alltagsweine für den täglichen Gebrauch. In einer Rezension über dieses Werk lese ich „die Tonlage von Kämmers Buch ist dagegen etwas flapsig…". Flapsig ist auch ein schönes Wort, habe ich schon lange nicht mehr gehört, aber flapsig ist nicht der richtige Ausdruck, besser wäre „die Tonlage ist teilweise übertrieben oder Überschwänglich". Leider ist das Buch des Weiteren in einem unhandlichen Format welches beim Einkauf nicht in die Hosentasche passt, weder in die hintere noch in eine seitliche.

Als handlicher Einkaufsführer gefällt mir da schon besser „Die besten Supermarktweine" von T. Ehrlich. 100 ausgesuchte Weine werden beurteilt, leider wird auch hier der Fachhandel ausgespart und die preisliche Obergrenze liegt bei 20 Euro. Für den alltäglichen Einkauf sicherlich sinnvoll, jedoch entgehen uns da leider einzigartige Erlebnisse und imposante Festtagsweine.

Rotwein für Dummies ist ein gut gemachtes Basisbuch mit umfangreichen Beschreibungen und anschaulichen Beispielen, aber ohne konkrete Einkaufsempfehlungen.

Die Hallwag Weinschule ist ein Basisbuch in Kombination mit Beschreibungen von 13 Weinverkostungen. Ein gut aufgebauter Ratgeber, vielleicht ein wenig zu lehrhaft, aber immer hilfreich, ausführlich erläutert und schön bebildert. Ein Buch, das auf jeden Fall zum Kauf von Weinen anregt, fraglich nur von welchen.

Tiefspannung. Eher Tiefspannung bietet P. Mayle in einen Roman über einen Bilderdiebstahl, also das las sich wie ein Buch der drei Fragezeichen. Diese spannenden Geschichten für Kinder habe ich damals immer gerne gehört und gelesen, allerdings nur bis zur Folge 40, danach war ich dann aus dem Alter raus. Die drei Fragezeichen dürfen sich jetzt aufgrund von Lizenzstreitigkeiten nur noch die drei nennen, das geht doch nicht. Von P. Mayle gibt es allerdings auch ein paar richtig schöne Bücher, wie der Klassiker „Ein Jahr in der Provence" oder „Hotel Pastis".

Sonstige Bücher. Schöne neue Weinwelt, ein eigentlich wirklich tolles Buch, muss ich schon sagen. Es wird hier mit einigen Legenden aufgeräumt und eine schöne Reise durch verschiedene Kontinente steht mit jedem Kapitel auf der Tafel. Man bekommt also nicht nur Lust auf Wein, sondern auch zu Reisen. Problem bei dem Buch von Pigott, es fehlt irgendwie der rote Faden, der alles zu einer Geschichte zusammen führt, so sind es, finde ich, irgendwie nur fragmentierte Reiseberichte und Weinproben, angereichert mit interessanten Erfahrungen. Problem Nummer zwei, die meisten der Weine sind so schweineteuer oder gar nicht zu kaufen, dass ich mich des Öfteren gefragt habe, wieso lese ich über diesen Wein, wie megageil er ist, wenn ich ihn aber gar nicht kaufen kann. So eben auch die Seite, auf der er über einen superben Wein berichtet, der 400 Euro kostet. So, 400 Euro, das ist ein Wort, ich habe mir mal einen Audi TT übers Wochenende ausgeliehen, plus Benzin hat der, glaube ich, 400 Euro gekostet. Was Gutes hat das Buch aber auf jeden Fall, es hat mich zu den roten Weinen aus den anderen Kontinenten hingeführt mit einigen atemberaubenden Erlebnissen. Die aktuellste Erscheinung von S. Pigott ist „Wein spricht Deutsch", ein fettes Basisbuch a la H. Johnson.

Time flies when you are having fun.

Es fällt mir nicht leicht den richtigen Einstieg zu finden, mindestens drei Monate sind ins Land gezogen, in denen ich kaum Sport getrieben habe, und in denen ich zwar schon ein paar Weine getrunken habe, aber keine Notizen gemacht. Das ist nicht gut, überhaupt nicht. Man verbringt ja viel Zeit am Arbeitsplatz, und wenn es dort schon so weit gekommen ist, das platte, abgekupferte Leitsätze an der Toilettentür hängen, also Scheißhausleitsätze sozusagen, dann macht das einfach keinen Spaß mehr. Auf dem mit Tesafilm an die Tür geklebten, billig gemachten Powerpoint Ausdruck lese ich u.a. „habe immer einen Plan B in der Tasche" und „bei einem Nein fängt das Verkaufen erst an". Klar, das sind alte Weisheiten, aber warum hängen diese an der Tür zur Toilette, den Plan B sollte man immer irgendwie parat haben, und nicht nur wenn man zur Toilette geht. Oder soll man sich bevor man durch diese Tür schreitet Gedanken darüber machen, was wäre, wenn alle Toiletten verstopft sind. Wie auch immer, ich finde es eben absolut lächerlich wenn ein Mitwettbewerber dann zudem noch zum Feind erklärt wird, wenn es doch mehr als offensichtlich ist, dass es die Handelsmarken sind, und wenn man kein Konzept dagegen hat, wupps, ist man halt zunächst am Arsch, aber ich denke da scheinbar zu frei und zu quer.
Manchmal bin ich einfach damit zufrieden, zu leben, die Sonne zu sehen, den Wind im Gesicht zu spüren, das Meer und den salzigen Duft des Meeres in der Normandie mit einem Freund zu erleben, einfach dort zu sitzen und in die Unendlichkeit zu schauen, die Natur zu erleben. Manchmal bin ich einfach damit zufrieden, mit meiner Familie zusammen zu sein, und in das lächelnde Gesicht meiner Freundin und meiner Kinder zu blicken. Manchmal bin ich einfach zufrieden damit einen guten Wein zu trinken.

Weinbücher und Weine. Der Micante Capalbio von E. Gepetti, den ich bei Karstadt gekauft habe, ist durchaus empfehlenswert. Bei einem guten Preis-Leistungs-Verhältnis präsentiert er sich sehr fruchtig und körperreich. Es ist ein junger und frischer Wein der gut zu einem kräftigen Abendessen passt. Ich würde noch anmerken, dass er ist fleischig ist, wobei in der Weinsprache mit fleischig, eher fruchtig-fleischig gemeint ist, und nicht wie ein Steak schmeckt.

Eine gewisse Portion Glück braucht man auch, wenn man nach einem guten Weinbuch sucht. Das „Handbuch für Weinsnobs" von K. Egle ist leider nicht so ein glücklicher Fang, abgesehen davon dass ich den Titel für nicht sehr gelungen halte, soll das Buch dem Leser, wie es da heißt, „auf amüsante und informative Weise, Wissenswertes und Verhaltensregeln" vermitteln. Es geht wirklich darum wie man Weinsnob wird, bzw. welche Regeln hier gelten, und das will ich doch gar nicht. Es ist auch nicht hilfreich bei der Weinauswahl, denn die Weinpreise sind jenseits von Gut und Böse und es ist auch nicht wirklich witzig. Ein Gutes hat aber auch dieses Buch, es ist halt ein Buch über Wein und man kann sich entspannt zurücklehnen, wie an diesem kalten und dunklen Wintertag und schmökern.

Und, ja, das ist dann auch mal wieder der geeignet Augenblick einen schönen Bordeaux zu öffnen. Der **Latour-Martillac** aus Pessac-Leognan ist ein Grand Cru Classé für 25 Euro, das muss man sich in der heutigen Zeit immer mal wieder vor Augen halten, 50 damalige DM, ich rechne ja immer noch gerne um. Auf jeden Fall ist der Latour-Martillac bestens geeignet um einen guten Einblick zu erhalten, wie so ein Bordeaux Grand Cru Classé ungefähr mundet. In der Nase sind Noten von roten Früchten und Kräutern zu erkennen, im Geschmack zeigt sich ein schönes Spiel der Fruchtnoten mit einer gut eingebundenen Säure. In diesem Wein schmeckt man den typischen Bordeaux-Charakter bei einem mittelschweren Körper.

Anekdoten und Weine.

Anekdoten und Weine. Mein bester Freund und Normandie Mitstreiter stellte mir Weihnachten die Frage, wofür dekantiere ich eigentlich? Tja und meine Antwort war, einmal um dem Wein etwas Sauerstoff zu geben, damit er sich besser entfaltet, das andere, um ihn von einem eventuellen Depot zu befreien. Ich dekantiere meinen Wein nie, denn ich finde dass Wein in die Flasche gehört und auch aus dieser kommen sollte, im Dekantiergefäß ist er mir einfach zu anonym, zu kalt. Wenn Sie Ihren Gästen allerdings das letzte Glas des ausgewogenen **Cabarena** servieren müssen Sie mit einem ordentlichen Depot rechnen, also hier bitte den letzen Schluck vorsichtig ins Glas manövrieren. Ansonsten ist an diesem Wein nichts auszusetzen, ein exzellentes Preis-Genuss-Verhältnis. Für 11 Euro ist diese Mischung aus Cabernet und Montepulciano ein körperreicher und wuchtiger mit einem ausgedehnten Finale.

Als nächstes eine Situation aus dem normal-neurotischen (Arbeits)-leben in Kombination mit dem passenden Wein. Man kommt manchmal zu einem Punkt, wo man sich fragt, wie viel Schadensersatzanspruch man geltend machen kann, für ein Meeting, dass an Merkwürdigkeit kaum noch zu überbieten ist. Da ist die Schmerzgrenze überschritten, wenn Mitarbeiter mit biblischen Zitaten zur Lösung beitragen wollen, bedauerlicherweise konnten diese nicht korrekt zitiert werden. Welcher Wein passt zu diesem Erlebnis, eigentlich jeder, mit dem man sich gut einen auf den Docht gießen kann.

Es folgen mal wieder zwei Weine, mit denen man nichts falsch machen kann. Höchst professionell gemacht, ohne Ecken und Kanten, für ein Millionenpublikum hergestellt, Qualität garantiert. Die sauber gemachten Weine von **Los Vascos** aus Chile, in Rot und in Weiß, sind sehr stark in der deutschen Einkaufslandschaft vertreten. Diese Weine sind aus einem Kooperationsprojekt mit Mouton Rotschild hervorgegangen und sind beide für jeweils 10 Euro zu haben.

Herrlicher Rebensaft dagegen ist dieser Weißwein aus Südafrika. Der **Lands End** kostet nur knappe 11 Euro und wird aus Sauvignon Blanc gekeltert. Eine betörende Duftvielfalt die in abgerundeter Form auch der Gaumen nachhaltig zu spüren bekommt. Ein kleiner Fruchtcocktail aus Kiwi, Stachelbeere und Maracuja, zusammen mit einem herrlichen, ausgewogenen, leicht spritzigen Körper. Einfach yummy.

Mövenpick Weinland.

Das Mövenpick Weinland ist als stationärer Handel bisher nur vereinzelt anzutreffen, für die in deren Nähe kein Depot ist, gibt es auch die online Bestellmöglichkeiten. Der Store bietet eine sehr ansehnliche Auswahl an Weinen, eine freundliche Atmosphäre und Bedienung. Ich bin mal wieder überwältigt von der Vielfalt der Weine, man möchte alle probieren, und wenn man dann alle durch hätte, dann würden wieder neue Weine hinzukommen, ein nie endendes Spiel also. Insofern beruhigt es schon ein wenig, wenn einem das Personal versichert, es hätte auch noch nicht alle verkostet. Das Schöne hierbei ist ja, man kann sich kompetent beraten lassen und dann später bei der Verkostung noch mal ein bisschen herumstöbern.

Und schon kommt mir die Verkostung zugute, denn eigentlich wollt ich einen amerikanischen Zinfandel zum Einstieg kaufen, von 16 Euro auf 11 Euro reduziert, da ich bei solchen Offerten immer skeptisch bin, habe ich so immerhin 11 Euro gespart, denn im Glas machte der **Ravenswood** nun überhaupt keinen Spaß, ausdruckslos und dünn. Ravenswood hat noch Weitere im Sortiment, die allerdings schon wieder die 15 Euro Grenze überschreiten.

Vier Spanier und einer meiner Lieblings-Franzosen. Also habe ich mich anderweitig umgeschaut starte mit einer Kombination des gleichen Jahrgangs. Zufällig habe ich mir den Wein mit dem geringsten Alkoholgehalt (12,5) und dem geringsten Preis herausgefischt. Die beiden nachfolgenden Weine haben jeweils wuchtige 13,5 % Alkohol, aber dem **Crianza Orvalaiz** fehlt einfach der Körper, er ist zu flach und hat keine Power. Er ist okay für knappe sechs Euro, ein akzeptabler Begleiter zu einfachen Speisen mit einem leichten, beerigen Aroma und weichen Tanninen, mehr gibt's auch schon nicht zu erzählen.

Der **Colheiros Cruz** aus Portugal ist ebenfalls ein trinkreifer, süffiger Wein, der aber etwas zu weichgespült wurde, zu dünn und ohne Power ist, der zieht keinen Hering vom Teller. Für neun Euro ist das einfach nicht akzeptabel, weiterhin verströmte er einen Duft nach Katenschinken, was zur Abwertung führt. Ist ja gut wenn ich so einen Schinken dann vor dem Wein liegen habe, aber doch nicht im Wein.

Der **Pozuelo** aus Spanien haut einen jetzt nicht um, aber er ist mehr als nur ein Begleiter, er kann auch alleine. Eine feine Säure zusammen mit weichen Tanninen, dabei ein mittelschwerer Körper mit durchaus fester Struktur. Man schmeckt die Reife, und für 7 Euro kann man sich durchaus einen kleinen Vorrat anlegen.

Bevor ich wieder mit Spanien weiter mache, kommt ein Franzose dazwischen. Der **Chateau d´Oupia** aus dem Minervois ist zu einem unserer Lieblingsweine avanciert. Das Bukett ist zwar zunächst etwas verhalten, dann aber beeindruckt er mit einem angenehm weinigen Duft in Kombination mit seinen delikaten Duftnoten von reifen Kirschen und Veilchen. Die Tannine und Säure sind an der richtigen Stelle, und gut in den kräftigen, würzigen Körper eingebunden. Keine überstrotzende Fülle, nein, aber richtig gut weinig halt mit einem köstlichen Geschmack in dem sich die Duftnoten widerspiegeln. Bei meinem letzten Besuch im Juni habe ich hiervon zwei Magnum Flaschen erstanden, das sind somit definitiv meine frühesten Weihnachtsgeschenke die ich je hatte.

11 Euro sind ein fairer Preis für den **Lorinon Reserva Rioja Breton**. Aber ich bin auch mal wieder gespannt, bisher haben mich ja diese Weine nie so wirklich vom Hocker gehauen. Fruchtig, würzig das Bukett, rauchige Kräuter, so etwas wie über einem Grill erhitzter Kräuterduft strömt aus dem Glas heraus. Die Katalogbeschreibung lautet einfach „Bilderbuchrioja", etwas zu allegorisch finde ich, but anyway. Ein wirklich gut gemachter Wein, Struktur und Körper sind vorhanden, die Barriquenote unterstreicht den fruchtigen und gereiften Charakter. Auch dem anspruchsvolleren Weinfreund wird dieser Rioja Vergnügen bereiten.

Carpe Diem und himmlische Geschenke. Wo wir gerade von Vergnügen sprechen, der Rosso Piceno ist einfach ein Geschenk, so wie ein Wein sein muss, mit etwas Biss und herrlich weinig. Gut ausbalancierter, voller, runder Körper. Die Tannine verleihen ihm die notwendige Struktur, die Säure den leichten angenehmen Biss. Er duftet und schmeckt herrlich nach reifen Trauben und einem Korb voller verschiedener Beerenfrüchte. Schwarze Kirschen und Pflaumen mit leichten Anklängen von Kakao und Lakritze. Der

Rosso Picenno Monteprandone von Saladini Pilastri ist einfach eine Wucht.

Carpe Diem, lassen sich manche für teures Geld auf die Tapete pinseln (ohne wirklich zu wissen was es bedeutet, aber es sieht ja so hübsch in der Küche aus). Hier muss man sich doch etwas intensiver mit der Bedeutung befassen, tiefer eintauchen, was ich an dieser Stelle auch tue, und zwar in einen Wein. Der **Carpe Diem von Le Murmurium**, den man vielleicht noch etwas lagern sollte, der aktuelle Jahrgang ist noch etwas grün, man kaut noch ein wenig auf den Tanninen herum und das Bukett ist noch verhalten, lässt aber Großes erwarten. Schöne dunkle Farbe, mittelintensives Beerenaroma bei dem der hohe Alkoholgehalt merkbar in Erscheinung tritt. Er schmeckt ein wenig nach Sherry und mit ein bisschen Phantasie kann man m.E. auch ein gewisses Honigaroma herausschmecken, was in Einklang mit der Biene auf dem Etikett stünde.

Der **Les hauts de forca real** aus Frankreich beeindruckt nicht nur mit unglaublich hohem Alkoholgehalt. Er ist ein wunderbar duftender Rotwein, rote wie auch dunkle Beeren, Vanille, Schokolade und Lakritze sind leicht zu vernehmen. So wie er sich hier zuerst präsentiert ist er auch am Gaumen, intensiv, wuchtig und fruchtig, wirklich empfehlenswert. Und, die 14,8 % Alkohol treten dezent in Erscheinung, ein wahrlich herrlicher, vollmundiger Begleiter für ein elegantes Diner.

Dieses Jahr gab es zu Weihnachten es kleines Geschenk von Mövenpick, ein Gutschein über 10 Euro, wenn man für 50 Euro einkauft. Locker, kein Problem, ich hatte mir meine Weine ausgesucht, und 49.46 Euro auf dem Bon, ja, sorry aber da gibt es noch keinen Rabatt. Schon klar dachte ich mir. Da habe ich einfach einen Wein dazugestellt, der halt einen Euro mehr auf die Waage bringt.

Errazuriz ist ein traditionsreiches chilenisches Weingut, mit einem breiten Angebot an Weinen. Ich habe der Einfachheit halber zwei Weine in den Korb gepackt, die es auch bei Karstadt gibt, den einfachen **Cabernet Sauvignon und Chardonnay**, beide für 10 Euro. Von den Angaben auf dem Rückenetikett des Weißen kann ich sagen, sie treffen zu. Es ist ein gut gemachter Chardonnay, schon weich und elegant, duftend und am Gaumen schmeckend nach leichten Noten von Grapefruit, Papaya, Birne und noch was. Aber es ist eher wie die Geschmacksrichtung helle Multifrucht als das man einzelne Komponenten besonders intensiv wahrnehmen würde. Es fehlt ihm ein bisschen an Finesse, dennoch steht einem gelungenen Abend nichts im Wege.

Der einfache Cabernet Sauvignon aus Chile ist für meinen Geschmack oft viel zu stark geprägt von roten Johannisbeeren, was auf der anderen Seite gerade das typische dieser Cabernets aus Chile ausmacht. So ist auch der Einstiegs-Cabernet von Errazuriz ein sauberer, gut gemachter Wein, mit genügend Körper und Struktur, aber auch ihm fehlt einfach das gewisse Etwas.

Ich ergründe das umfangreiche Sortiment von **Errazuriz** etwas genauer und treffe auf eben dieses gewisse Etwas bei dem **Reserva Cabernet Sauvignon** für 15 Euro. Dieser wuchtige Rotwein mit seinem fast undurchsichtigen Rot entwickelt ein herrliches Aromaspektrum. Deutlich zu erkennen sind Noten von roten und schwarzen Beeren sowie Kräutern. Die in den einfachen Cabernet Sauvignon Weinen aus Chile dominierenden, fruchtigen Noten der roten Johannisbeere treten dezent in den Hintergrund und vereinen sich mit Aromen von Cassis zu einem harmonischen Ganzen. Im Geschmack ist ein kräftiger Körper zu erkennen, reich an Lakritz und Vanille, gut ausgewogen und angenehm weich. Er wirkt auf mich wie ein schöner Bordeaux. Wenn ich ihn mit einem Bordeaux vergleichen würde, würde ihn knapp unter dem Chateaux Potensac einordnen.

Der **Rojo von Errazuriz** für knappe acht Euro ist eine Cuvée aus Cabernet Sauvignon und Merlot. Intensiv fruchtig und beerig, starke Frucht von roten Johannisbeeren, ähnlich dem Santa Rita 120. Man schmeckt ja so einiges heraus, aber die auf dem Etikett postulierte Geschmacksimpression „freshly turned earth" finde ich nicht nur merkwürdig sondern auch nicht findbar. Er hat für seinen Preis einiges in Petto, geht gut und gerne als Alleinunterhalter durch, zum Lunch aber kompliziert kombinierbar, da er schon eine Fruchtbombe ist, vorstellbar zum Dessert oder Gebäck.

Weiter geht's mit einem der renommiertesten deutschen Winzer, **Robert Weil**, der eine umfangreiche Produktpalette anbietet. Der **Riesling** für neun Euro ist ein delikater Weißwein mit einer wahrlich feinen, fruchtigen Säure. Der Duft ist von verschiedenen Zitrusfrüchten und zarten Noten von Pfirsich durchsetzt.

Einfache Weine. Ich habe letztens von einem Nachbarn einen einfachen Wein geschenkt bekommen. Nach einer kurzen Etikettanalyse war mir klar, dass er maximal vier Euro kosten würde. So schmeckte er auch. Hier wurde über dies sogar noch versucht den Wein durch eine scheinbare Medaille auf dem Etikett aufzuwerten, die sich aber bei genauerem Hinschauen als Hinweis auf die äußerst interessante Korkenkonstruktion entpuppte. Eine in den Korken integrierte Vorrichtung, die es erlaubt den Wein zu entkorken ohne weitere Hilfsmittel. Vielleicht ist dies auch eine Vorrichtung für Vieltrinker ohne Korkenzieher, wer weiß. Eigentlich ganz witzig, solange es bei den billigen Weine bleibt. Hier bin ich Traditionalist, auch Schraubverschlüsse lehne ich ab, also bei Erlebnissen wo auch die richtige Stimmung von Bedeutung ist, muss es einfach Kork sein, auch wenn die Neuseeländer mittlerweile Weine zu 25 Euro mit Schraubverschlüssen anbieten.

Weiter geht's mit einem Alltagswein. Der **Cascavel Cotes du Ventoux** hat Struktur und Körper, aber er ist noch viel zu verschlossen, sowohl vom Bukett als auch vom grasigen und pelzigen Geschmack her. Vielleicht lieber nicht kaufen.

Der **Laderas de El Seque** gefiel mir nicht wirklich. Er ist noch zu verschlossen und der Alkohol tritt zu stark in den Vordergrund, was sich unangenehm bemerkbar macht. Die Tannine sind noch etwas zu ruppig, ich würde diesen dunklen Wein noch reifen lassen, vielleicht wird er dann besser, wobei günstige Weine auch durch Lagerung nicht besser werden. Nur die Weine mit Potential können noch hinzu gewinnen.

Ein stromlinienförmiger weicher Plüschhase der nicht auffallen will, ein Millionen-Wein bei dem man kein Risiko eingehen muss, ist der einfache, aber grundehrliche **Cabernet Sauvignon von Fetzer**. Charakterlos, ohne Ecken und Kanten. Das Mega-Weingut Fetzer in Kalifornien hat sich unter den Fittichen eines Getränkekonzerns zum sechstgrößten Produzenten Amerikas emporgeschwungen.

Ab 13,5 % Alkohol aufwärts. Jetzt wo es so langsam wärmer wird, möchte man gar nicht mehr so gehaltvolle Weine trinken, der Sinn steht einem eher nach leichteren Weinen. Dennoch habe ich jetzt einen gehaltvollen Wein von **Peter Schandl** aus Österreich vor mir. Merlot und wuchtige 13,5 % Alkohol. Weder Merlot noch Österreich kaufe ich oft, aber in diesem Fall bin ich mal der Empfehlung des Depot-Inhabers gefolgt. Schönes Bukett, sehr vanillig, und am Gaumen ist er herrlich fruchtig und irgendwie leicht, gar nicht so einnehmend mächtig trotz der hohen Voltzahl. Eine angenehm prickelnde Säure unterstreicht den weichen Körper.

Der **La Falaise Chateau de la Negly** ist mit 14,5 % Alkohol ein voluminöser, aber dennoch eleganter Wein mit einem schönen Kirsch-Sahne-Geschmack. Kraftvoll und weich, allerdings mit verhaltenem Bukett und nicht so stimmig vom Gesamteindruck her. Mit seinen 15 Euro doch etwas überteuert.

Eine gelungene Kombination aus Syrah, Mourvédre und Grenache ist der folgende Rhone Wein, den man sehr gut für besondere Gelegenheiten einkaufen kann, und auch sollte. Denn für knappe 11 Euro hat der **Compostelle Chateaux Mas Neuf** so einiges in Petto. In der Nase zwar noch etwas verschlossen, am Gaumen jedoch schon gut entwickelt. Er beeindruckt mit einem gefälligen Geschmack von reifen, roten und schwarzen Beeren und umschmeichelt dabei den Gaumen.

Der **A Mano** aus der Primitivo Traube ist harmonisch, hat durchaus Charakter und weist trotz seiner 14 % Alkohol eine mittlere Konstitution auf. Mit seinen sieben Euro ist er nicht zu teuer für einen gelungenen und gewissenhaften Begleiter. Man kann den Wein auch leicht gekühlt in den Sommermonaten reichen.

Der **Contado Aglianico von di Majo Norante** ist wahrlich ein großer Wein. Tiefdunkel im Glas, weinig und wuchtig. Seine 13,5 % Alkohol verleihen diesem weichen und harmonischen Wein enorme Kraft. Im Mund erkennt man Brombeeren und Himbeeren, alles in allem ein wirklich gelungener Wein, für ein gutes Dinner oder auch solo. Kennen Sie dass auch, wenn man, sagen wir mal, einen fetten Brombeer-Lolli lutscht ist der ganze Mund inklusive der Zunge in der Farbe des Lollies, so sieht meine Zunge auch gerade aus. Wenn Sie als alter Kiss Fan eine Gene Simmons Imitationen im Sinne hatten, sollten Sie diese lieber nicht nach dem Genuss dieses Tropfens performen.

Dagegen ist der **Sangiovese von Di Majo Norante** etwas schwacher auf der Brust, nicht so körperreich, aber auch ein gut gemachter Wein, schlicht aber nicht banal. Den würde ich nur zum einfachen Essen empfehlen. Im renommierten Gambero Rosso hat er ein Glas erhalten, während der Contado mit 2 Gläsern aufwarten kann.

Günstige Franzosen.

So stelle ich mir die Arbeit an einem Weinbuch vor, verkosten und dann auf der Terrasse sitzen, ein Weinchen trinken, man hört nur den Wind und die Vögel singen, den Laptop auf dem Schoss. Im Garten und im angrenzenden Wald duften allerlei Blumen und Kräuter, wobei ich mir gar nicht bewusst war, wie wundervoll Thymian und Salbei blühen, eine berauschende Farbkombination aus Violett und zartem Rosa. Reibt man deren Blätter zwischen den Fingern ist man ganz hin und weg von diesem frischen und intensiven Duft, einfach bezaubernd. Der Zauber der frischen Minze erinnert mich an meine Großmutter von der ich die Liebe zur Natur habe. Die ersten Rosen blühen und verbreiten intensiv ihren Duft. Na ja, aber auch diese Situation ist nicht alltäglich. Eine Degustationsnotiz schreibe ich noch nieder und dann geht's wieder an die andere Arbeit, Bewerbungen schreiben, das Leben ist halt kein Ponyhof.

Der **Little James** ist ein ehrlicher Wein, mittelgewichtig und frisch, kann in den Sommermonaten auch gekühlt getrunken werden. Im Bukett finden sich Anklänge von Apfel und Feige.

Der **Perrin Cotes du Ventoux**, aus Grenache, Syrah, Mourvédre und noch Cinsault ist laut Beschreibung ausgestattet mit einem „... interessanten Beerenaroma". Wenn ich bisher irgendein Phänomen als Interessant bezeichnet habe, dann war es oft irgendwie merkwürdig. Es klingt halt verdächtig, so wie die „Party war nett...". Weiter liest man „...er hat die Struktur eines vollendeten Rotweins...", ui, na und das für sechs Euro, alle Achtung. Und dann das Finale auf dem Rückenetikett „ Ein unkomplizierter Wein, der auf Anhieb gefällt". Also irgendwas ist doch hier faul im Staate Dänemark. Ich würde sagen, eine „interessante" Aneinanderreihung von Statements. Es ist vielmehr ein guter Alltagswein ohne

Beanstandungen, und neutraler Begleiter zum einfachen Speisen, punkt, das war's.

Identisches kann man über diesen Merlot, abgefüllt wurde für **Henry Fessy**, sagen. Für knappe fünf Euro durchaus freundlich und trinkbar. Ein Merlot auf dessen Etikett die Rebsorte fett hervorgehoben wurde und nicht der Produzent oder Sonstiges.

Durchaus mit Charakter ist der **La Laure Cuvée Emmanuell**, was immer jetzt auch Bestandteil dieser Cuvée ist. Er ist kein wirklich anspruchsvoller Wein, aber gefällig und anständig. Im Geschmack wirkt er ausgewogen und bei einem mittelschweren Körper bereitet er bei kleinen fünf Euro ausreichend Trinkgenuss. Hiervon kann man sich schon mal einen 6er Karton in den Keller packen.

Ambrosia im Glas. Zu guter Letzt kommt aber noch mal Ambrosia ins Glas. Wie seidiger Sirup bahnt sich der Portwein von der **Quinta do Noval** seinen Weg und hinterlässt bezaubernde Empfindungen. Dieser Fine Ruby Port hat einen besonderen Duft von Rosenblüten, Jasmin und Akazienblüten, er duftet nach einem unbeschwerten Augenblick in einer lauen Frühlingsnacht. Die immense und komplexe Aromenvielfalt kommt im Mund nachhaltig zur Entfaltung. Dazu gesellt sich noch eine feine, leichte Honignote und die Komposition ist perfekt. Quinta do Noval bietet eine breite Range an verschiedenen Ports an und dieser hier ist praktisch der Einstiegsport mit einem unschlagbaren Preis von nur 10 Euro.

Abschließend festhalten kann man, dass bei den verkosteten Weinen von Mövenpick wirkliche Schätze dabei sind, teilweise mit einem spitzen Preis-Leistungs-Verhältnis.

Wein-Online-Portale.

Was natürlich auch nicht fehlen darf, ist ein Kapitel über den online Weinhandel. Ich habe hier nur mal exemplarisch eine kleine Auswahl von online Anbietern getestet, und mit Hawesko sicherlich auch einen der Bekanntesten. Auch hier ist zunächst einmal pragmatisch auf die Möglichkeit von Partnerschaftswerbung zu achten, da gibt es ganz nette Prämien, natürlich unter bestimmten Prämissen.

Also zu nennen wären hier zunächst Hawesko, dann Mövenpick und dann der Reidemeister und Ulrichs Ableger Ludwig von Kapff. Eine Gemeinsamkeit besteht darin, dass sie umfangreiche Kataloge versenden, die man gratis erhält. Hier kann man herrlich schmökern, Geschichten Regionen und Weingüter nachlesen und dann online gehen. Aber Obacht bei den Beschreibungen der Weine, wie wir wissen stimmt da nicht immer alles.

Karstadt bietet verschiedene tolle Angebote, z.B. den hervorragenden **Clos de los Siete**, 12 für den Preis von 11, bei einem schon reduzierten Einzelflaschenpreis von 15 auf 13 Euro, also da musste ich natürlich zugreifen. Einfaches Handling auf der Website, und zwei Tage später war der Wein da, super Service finde ich. Dennoch wundert man sich ja schon über so manche Dinge, wie z.B. Aktionen. Hier wird ein kleines Teelicht als Superzugabe bei einem Wein angepriesen. Keine weiteren Fragen.

Für die Weinsuche nicht zu empfehlen ist Gourmondo, das Angebot ist sehr beschränkt, kein Vergleich zu Karstadt. Für die Region Bordeaux sind noch nicht einmal ein Dutzend Weine vorhanden und für Italien sind die Weine mit Gambero Rosso Gläsern aus den Jahren 1999 und 2000 ausgewiesen, da bin ich erst mal kritisch, in fünf Jahren kann sich schon etwas in der Bewertung verändern. Einen hervorragenden Überblick über alles was so mit Wein und Internet zu tun hat bietet ein Taschenbuch des Verlags Weingourmet „die 555 besten Adressen im Internet".

Hawesko. Die Online Bestellung bei Hawesko hat ohne Probleme funktioniert, ich habe einfach mal das Probierpaket „Romanische Welt" bestellt. Also dazu bekam ich dann als Erstbesteller einen kleinen Rabatt und eine Glaskaraffe obendrauf sozusagen. Die Glaskaraffe macht sich gut als Vase, soweit zu den guten Dingen an diesem Probierpaket. Der Riesenkarton besteht aus vier italienischen, drei spanischen, zwei portugiesischen, und drei französischen Weinen. Der Mittelwert beträgt knapp 7 Euro, wobei der Wein von Antinori mit 14 Euro ein kleiner Ausreißer ist.

Ich starte mal mit den Portugiesen, ein wunderschönes Land mit tollen Weinen. Bei dem **Dom Martinho**, hat sich die Familie Rothschild kräftig engagiert. Insofern ist Qualität und ein zu hoher Preis zu erwarten und weiterhin keine Extravaganzen. Und so ist er auch. Ein sauberer, gutgemachter, aber dennoch gewöhnlicher Wein mit mittlerem Körper. Ein guter Begleiter ohne große Höhen und Tiefen.

Der **Vinho Verde**, also der grüne Wein, ist im Original und in Portugal selbst viel besser zu genießen. Ganz einfach ein Problem des Versuchs die ganz spezifische Urlaubsstimmung in den heimischen Garten oder in die heimische Wohnung zu importieren. Meine Erinnerung an den vinho verde ist ein heißer Tag, ein kleines „Restaurant" mit nur einem einzigen Gericht, im Steinofen zubereitet, einfach unter freiem Himmel mit ein paar einfachen Holztischen und Stühlen. Das Gericht ist wunderbar, simpel und einfach göttlich, gegrillte Sardinen und frisches Brot, einfach yummy. Dazu passt ein schöner kühler vinho verde am besten. Aber mal schauen, ich denke ich kann mit der Katalog-Beschreibung mitgehen, die diesmal nicht ganz so dick aufgetragen ist. Wir haben hier einen frischen, herb-trockenen, grün-goldenen (na ja, gold schimmert er nicht wirklich) Wein, leicht prickelnd mit angenehmer Citrus- und Apfelfrucht, hervorragend sauberes Beispiel für einen Bilderbuch vinho verde. Wieso hier von Bilderbuch gesprochen wird, ist mir unklar, es wäre anzumerken, dass es hierzulande ja eh kaum vinho verde Weine zu kaufen gibt. In Portugal allerdings sind diese Weine noch eine Spur grüner und frischer, während dieser domestizierte Wein eher an Weißwein erinnert.

Was finden wir denn noch in diesem Riesenkarton, eigentlich genau das Richtige für diesen Sommer, ein prickelnder, italienischer Perlwein, rosé. Eigentlich stehe ich ja nicht so auf Sekt oder Prosecco (mit Ausnahme von Martini und Gianni Kattus), es geht einfach nichts über einen guten Champagner. Anyway, dieser

Amistani Guarda ist wirklich nur bedingt genießbar, ein dünner Perlwein der billig schmeckt und nur eiseiskalt, bedingt genießbar ist. Ich würde diesen Frizzante allerdings noch nicht einmal zum Picknick empfehlen. Bei Hawesko liest man ohne Scham „belebend, frisch prickelnd dezent fruchtig", sorry aber die Adjektive passen ebenso zunächst auf so ziemlich jeden Prosecco oder Sekt, aber nicht auf Diesen. Für sieben Euro ist dieser Reinfall so etwas von überteuert.

Ja wie das immer so ist mit den Beschreibungen über Wein, ich finde so überschwänglich wie über relativ günstige Weine i.d.R. geschrieben wird, ist es wirklich erschreckend, denn da bleibt ja kaum Raum für die wirklich guten Weine, die nur noch in super-hyperlativen Beschreibungen dargestellt werden können.

Leider ist auch der teuerste Wein dieser Verkostung kein Siegertyp. **Villa Antinori**, ein durchaus passabler Wein mit einem ansprechenden Bukett. Man kann ihm zumindest ein gewisses Maß an Charakter und Komplexität nicht absprechen. Beim Dinner also sorgt er für Sicherheit, allerdings nicht für Entzücken, und ist mit seinem 14 Euro aber überteuert. Mit dieser etwas verhaltenen Beurteilung stehe ich natürlich im krassen Gegensatz zu der Katalogbeschreibung welche sich hier kaum noch einkriegt.

Die verbleibenden italienischen Weine sind durchaus freundlich und trinkbar, aber gewöhnliche Alltagsweine. Diese Namen, wie auch die der folgenden Weine, werden hier einzeln gar nicht weiter aufgeführt, sondern sind in ihrer Gesamtheit im Anhang in der Übersicht aufgeführt.

Die komplette Range aus Frankreich präsentiert sich ebenfalls als Alltagswein. Ich picke trotzdem einmal den Merlot von **Les Jamelles** heraus. Hier liest man wieder tolle Dinge: „Er verzaubert mit einem verschwenderischen Fruchtpotpourri… Ein so saftiges, fruchtiges, samtiges und fruchtintensives Rotweinvergnügen hatte man schon lange nicht mehr…" Fruchtig, ja, ohne Zweifel, aber tatsächlich handelt sich es bei diesem Merlot von Les Jamelles eher um einen einfachen, gut gemachten Pizzawein, okay, aber mehr nicht, und von verzaubern oder Samt oder verschwenderisch kann hier eigentlich keine Rede sein, sorry again Hawesko. Fehlen nur noch die Weine aus Spanien. Auch dies sind keine wirklich anspruchsvollen Weine, aber durch die Bank gefällig und anständig

Das Fazit der Verkostung der „Romanischen Welt" ist ernüchternd. Fast ausschließlich einfach Alltagsweine. Ehrliche Weine, ordentlich gemacht, für das alltägliche Essen, keine wirklichen Höhepunkte.

Hawesko startete mal einen Testballon mit Einzelhandelsgeschäften in denen Weine von 2,50 – 4,00 Euro angeboten wurden. Doch dieses Unterfangen musste zwangsläufig scheitern, denn derart billige Weine kaufe ich im Lebensmittelhandel, dafür brauche ich nun wirklich nicht den Fachhandel. Eigentlich kaufe ich derart billige Weine ja gar nicht.

Von Hawesko habe ich auch einen speziellen Weihnachtskatalog zugesandt bekommen. Weine die es auch im normalen Katalog gibt, neben ein paar besonderen Geschenken, so z.B. ein formschöner Dekanter. „Der eleganteste Dekanter der Welt. …. In der Glashütte in Kufstein gibt es nur einen Glasbläser, der sie fertigen kann und darf" Na da will man doch direkt zugreifen, und für nur 195 Euro ist das auch fast geschenkt. Ich frage mich nur, was ist, wenn der Glasbläser mal krank wird, oder so einen Husten hat, was dann?

Ludwig von Kapff. Ein langer Weg war es bis ich endlich meine erste Weinkiste mit 12 Bordeaux-Weinen in den Armen hielt. Obwohl der Jahrgang **1999 des Chateau Potensac** nicht ganz so überzeugt wie die anderen Jahrgänge, hat er doch das typische Bukett eines großen Bordeaux mit einem tollen Körper. Im Geschmack zeigte der Wein einen schönen Charakter mit einer guten Struktur und Ausgewogenheit. Ein verführerischer Hochgenuss.

Aber es hat gedauert bis diese Kiste hier angekommen ist, nach einigen Telefonnachfragen war dann klar dass die Kiste war schon mal hier war, aber da keiner Zuhause angetroffen wurde, und kein Nachbar diese Lieferung einfach so annehmen durfte, wurde sie wieder mitgenommen. Ich habe nach insgesamt über drei Wochen Wartezeit sichergestellt, dass ein Nachbar die Kiste annehmen kann, ansonsten hätte ich diese wahrscheinlich nie erhalten. Eine Nachricht über den überfälligen Verbleib meiner Kiste, in welcher Form auch immer, wurde mir natürlich nicht entgegen gebracht. Und der Kundenservice war auch wenig freundlich, also da werde ich auch nicht mehr bestellen.

Im aktuellen Katalog befindet sich allerdings ein weiterer großer Wein zu einem akzeptablen Preis, den es aber auch über andere Quellen zu beziehen gibt. Ich, z.B. habe den **Regolo von Sartori** bei Edeka, Karstadt, Jacques und einer meiner Weinhandlungen in der Stadt des Löwen geortet, in der, in der man schnell wieder raus muss, weil dort schon mittags ordentlich gepafft wird, ekelig. Sartori ist eine italienische Familie mit langer Tradition im Weinanbau. Ein wirklich hervorragender Wein zu einem akzeptablen Preis. Für 10 Euro ist dieser Wein wuchtig, samtig, dicht mit dunkler Farbe und herrlichen Aromen von Feigen, Pflaumen, Datteln und Rosinen versehen. Ein leichter Anklang von Eigenschaften des Weins namens Amarone, den das Haus Sartori ebenfalls herstellt, ist auch zu schmecken. Kein Wunder, denn wie man liest, lagern die Trauben für diesen Wein eine kurze Zeit auf dem Sediment des Amarone. Ein Wein mit Tiefe und Komplexität, der unheimlich viel Spaß macht.

Ansonsten verhält es sich mit von Kapff wie mit den meisten Anbietern, man erhält viel Post, Kataloge und Sonderofferten. So wie in dieser Broschüre über Bordeaux, mit Geheimtipps, finde ich immer witzig. Ein Geheimtipp, den nur die Empfänger dieser Broschüre kennen lernen werden, man man. Göttliche Überschriften für die Weine „Wie Phoenix aus der Asche" oder „Ein göttlicher Tropfen aus dem Haut-Médoc". So wird z.B. der Domaine du Vatican mit einem Papstbild beworben, obwohl der Hersteller selber bedauerlicherweise nicht mehr nachvollziehen kann, wo dieser Name überhaupt herrührt, noch wo der Bezug zum Vatikan oder zum Papst ist. Exklusiv bei von Kapff, und natürlich streng limitiert, also wenn man da nicht direkt zugreifen muss, oder?

Eine weitere Broschüre die in unseren Briefkasten flattert, wird mit „Wein-Ouvertüre" betitelt, Kokolores sag ich. Was fange ich mit folgenden Beschreibungen inklusive der Abbildung einer CD Hülle an „… so beeindruckend virtuos wie Lang Langs Klavierspiel" oder „… so lebhaft und frisch wie Alexander Kniazevs Violinkonzerte". Lang Lang mag ich ja persönlich auch, aber was ist mit anderen Künstlern. Das Open-Air-Konzert von Nigel Kennedy in Berlin war eines der besten Konzerte die ich je erlebt habe, und Sie mögen mich einen Banausen nennen, aber wer ist Kniazevs.

Rewe.

Rewe hat eine ordentlich sortierte Weinabteilung, in der man ein paar Super-Weine kaufen kann. Allerdings gehört Rewe nicht in meinen direkten Einkaufsradius und deshalb habe ich hier auch nicht so viele Weine verkostet

Aber dieser superbe Rebensaft alleine lohnt den Besuch, den ich auch schon bei Edeka und Karstadt gekauft habe. Der **Clos de los Siete** von M. Rolland ist einfach an dessen weißen Etikett auf dem ein goldener Stern mit der Zahl 7 abgedruckt ist, zu erkennen. Ein intensiver, voluminöser Duft nach Zartbitter-Schokolade, Kräutern und Marzipan raubt einem den Atem. Eine leicht pfeffrige Note ist ebenfalls zu erkennen. Diese Aromenkomplexität findet ihren Ausdruck in seinem weichen, angenehm nachhaltigen Geschmack wieder. Ein sehr kräftiger und wuchtiger Wein, hier kündigen sich schon die 14,5 Umdrehungen an, die man auch direkt mit dem ersten Schluck merkt, aber dezent im Hintergrund. Allerdings bezahlt man für diesen harmonischen und runden Wein auch seine 15 Euro. Ein stattlicher Preis, den Wein trinkt man nicht mal so nebenbei zum Dinner, da muss schon ein besonderer Anlass her, und dann kann er aber auch glänzen. Wer sich hiervon einen Vorrat anlegen möchte, dem sei geraten bei Karstadt online zu bestellen und neben einem günstigeren Einzelflaschen-Preis auch noch das Angebot „zahle 11 für den Preis von 12" wahrzunehmen.

Der **Rosso di Montalcino von Poggiotondo** ist ein wahrlich herrlicher Wein mit Rasse und Klasse. Ein Wein mit kraftvollem Körper, Struktur, Frucht und Säure, alles da wo es hin soll und ausgewogen kombiniert, kein kuschelweicher Wein, sondern einer mit leichten Ecken und Kanten, superlecker. Er ist gekennzeichnet von einer hervorragenden Komplexität und einer ungeheuren Vielfalt in Duft und Geschmack. Hätte nicht gedacht dass ich diesen bei Rewe erstehe. Aktueller Anlass für den Kauf eines italienischen Weins, war eine Wein-CD, die ich auf dem Weg dorthin gehört habe. Hörbücher generell habe ich eine Zeit lang sehr intensiv konsumiert. Mein letzter Job im Marketing war bei einem bekannten Reiseveranstalter in Hannover. Nach Hannover sind so 60 km und 45 min pro Strecke angesagt, ideal für kurze Episoden aus Hörbüchern. Rückblickend war der Job eine lehrreiche und erneut bestätigende Erfahrung des alltäglichen normal-neurotischen Arbeitslebens, wie gut dass ich mein eigener Psychiater bin, sonst wäre ich schon bitterarm. Das Weinhörbuch ist aber nicht so prickelnd, das besprochene Land ist, wie gesagt, Italien, aber die Kombination aus Berichten über Wein, Land und Lesungen aus Romanen ist nicht so gelungen. Die Berichte sind größtenteils von Laien gelesen, es kommt nicht wirklich die romantische und verzückende Stimmung von Wein und Land durch.

Wirklich witzig unter den Hörbüchern ist „Fleisch ist mein Gemüse" und die gesprochenen Romane von Agatha Christie sind einfach spitze, aber nicht geeignet für diese Art von Fahrten, da verliere ich zu schnell den Faden, und ein bisschen konzentrieren muss man sich ja doch.

Ein weiterer, sauber gemachter Wein zum Essen ist der **Monasterio de Santa Ana** aus Spanien. Ein schöner Körper der auch nach dem Dinner noch verzücken kann. Hergestellt aus der Tempranillo Traube, im biologischem Anbauverfahren.

Also bei besonderen Anlässen gönnt man sich ja schon was Besonderes, auf jeden Fall sollte man das. Ich für meinen Teil habe einen Brunello im Glas, da ich ja bei Rewe nicht nur auf den verführerischen Argentinier gestoßen bin, sondern auch auf den genialen **Rosso di Montalcino**, habe ich, ebenfalls von **Poggiotondo,** diesen **Brunello di Montalcino** für stattliche 27 Euro gekauft. Ich war guter Dinge und meine Erwartungen an den Wein entsprechend hoch. Ein mittelschwerer Wein mit Anklängen von Raucharomen sowie roten Früchten und einer leichten Apfelnote in der Nase. Mahagonifarbene Ränder im Glas, vielleicht ein wenig zu jung am Gaumen, obwohl es ein lange gereifter Brunello ist. Der Wein muss erst atmen und die Temperatur muss auch stimmen, gerade jetzt wo wir uns schon wieder im November befinden. Ich finde das er zwar nach etwas Großem schmeckt und durchaus ein schöner Tropfen für einen gelungenen Abend ist, dennoch vom Preis-Genuss-Verhältnis ist er inakzeptabel.

Der **Casillero del Diablo** von Concha y Toro, weit verbreitet, u.a. bei Karstadt, Edeka und real erhältlich, hingegen hat mich positiv überrascht. Ein typischer chilenischer Cabernet Sauvignon mit einem ausnehmend intensiven Geschmack nach roten Johannisbeeren. Dieser Wein schmeckt vorzüglich und ansprechend. Er ist mittelgewichtig und angenehm. Was zu der angenehmen Überraschung beitrug, war sein Preis von knappen sieben Euro.

Hingegen ist der **Corvo** ein gewöhnlicher Alltagswein ohne deutliche Charakteristika. Kann man auch leicht gekühlt zu einem Picknick reichen.

Darüber hinaus bietet Rewe selbstverständlich die bekannten Anpasser-Weine von **Gallo**, aber auch den blauen Hochgenuss-Champagner von **Pommery**, sowie einen unserer Lieblingsweine **La Cuvee Mythique** an.

Discounter und Getränkeabholmärkte.

Der größte Weinhändler Deutschlands heißt Aldi. Jede zweite Flasche Wein wird heute bei Aldi und Co. eingekauft. Da von den Standardweinen aber riesige Menge benötigt werden, kann es sein, dass nicht alle Flaschen desselben Weins vom identischen Lieferanten kommen. Von einem ganz guten Bio-Wein bei Aldi hätte ich gerne mehr erzählt, doch der ist nicht mehr im Sortiment. Bei Penny haben sie einen Cru Bourgeois für fünf Euro. Der mit Abstand teuerste Wein im Sortiment ist durchaus freundlich und trinkbar, viele von den anderen habe ich verkostet und schnell wieder vergessen. Sollten Sie also mal bei Penny einkaufen, können Sie den Chateau Blaignan in Ihren Einkaufswagen legen. Als exemplarischen Discounter, den ich hier näher betrachten werde, habe ich mir aufgrund meiner Einkaufsroutine, Lidl herausgesucht. Bei den anderen bekannten Discountern habe ich ebenfalls eine Menge Wein getestet, doch die Ergebnisse waren überall ernüchternd, deshalb spare ich mir die detailliertere Auflistung der Enttäuschungen.

Lidl. Lidl ist der Discounter meines Vertrauens. Vorweg sei eins direkt erwähnt, man sollte beim Weinkauf, wenn es sich einrichten lässt, einen größeren Bogen um die Discounter machen, es sei denn man sucht Wein zum Verfeinern von Soßen oder für ein schönes Stückchen Schmorfleisch. Ich habe viele Weine bei Lidl versucht zu trinken, nur bei einigen Wenigen ist es mir gelungen.

Die große Masse ist schon stark an der Kotzgrenze, deshalb erzähle ich auch gar nicht mehr viel von diesem **Pinotage** für drei Euro, klar irgendwie erinnerte dieser schon an einen Wein, aber er ist extrem säurebetont, enttäuschend im Geschmack, dünn und obendrein noch lieblich, würg. Der **1999 Cru Bourgeois** für fünf Euro ist wirklich krass, holla die Waldfee. Durch Weine wie diesen erhalten Sie ihr (falsches) Bild von Bordeaux-Weinen, pelzig auf der Zunge, Hammertannine, so als würde man in unreife Trauben beißen, schwach auf der Brust und ausdruckslos. Das ist eine Schande, ab in den Abfluss damit.

Nur um meine Abneigung noch deutlicher zu machen, beschreibe ich diese Katastrophen näher. Der **Schwarzriesling** von der Felsenkeller Besigwein GmbH für vier Euro gehört bei Lidl, und bei den Discountern in ihrer Gesamtheit, schon zu den teuren Weinen. Er ist aber einfach nicht zu genießen, eine wässrige, lieblich dünne Plörre ohne Bukett. Den kann man einfach nur in den Spülstein gießen.

Ich habe des Öfteren im Berufsleben Dinge erlebt, die ähnlich ungenießbar waren und eigentlich unter die Genfer Konvention zum Schutz der Menschenrechte fallen sollten. So verlief ein Gespräch der dritten Art mit der Gattin des Chefs wie folgt. Sie ruft an und fragt mich: „Sie sind doch der Marketing-Mann" – „Ja, der bin ich" – „Wo waren Sie gerade?" – „Da war ich nicht da" – „Und wo sind Sie jetzt" – „Jetzt bin ich am Platz" – „Aja" – Ich frage „Kann ich Ihnen irgendwie helfen, oder....?" – „Nein" und dann hat sie aufgelegt. Da viel mir dann auch nichts mehr ein. Mit manchen Menschen hat man ja öfter zu tun, ob man nun will oder nicht. Auf jeden Fall rufe ich diese Frau an und teile ihr mit dass ich gerade das Pflegepersonal ihrer bedürftigen Mutter in der Leitung hatte, sie fragt mich in welcher Leitung. Da habe ich ihr doch glatt geantwortet, na in der Telefonleitung halt....

Die Antwort auf diese psychische Extremsituation ist ein Tetrapack-Wein, uuuuaaa. Eine blasse, ungenießbar grauenvolle, wässrige Suppe präsentiert sich hier vor mir im Karton. Das auf der Verpackung überhaupt das Wort Wein stehen darf, ist eigentlich unverständlich und sollte noch mal von einer unabhängigen Kommission geprüft werden.

Selbstverständlich lässt Lidl nichts unversucht, den Anteil der kaufenden Haushalte zu erhöhen und Qualität zu demonstrieren. So las ich im letzten Handzettel von Lidl folgendes: „drei x Testsieger; Wein-Testsieger–Discount Verkostung". Das eigentlich angesehene Weinfachmagazin „Weinwirtschaft" hat Lidl erneut als Testsieger der Frühlingsverkostung gekürt. Also gibt es auch noch die anderen drei Jahreszeiten, von denen habe ich allerdings nichts weiter gelesen oder gehört. Und dann bietet Lidl im Handzettel eine Vielzahl von Weinen an, wobei man natürlich nicht weiß ob dieser Wein in der Verkostung war, und für 1,49 Euro Qualität zu erwarten, das ist schon mehr als gewagt. Das sind 30 Cent mehr als man für frische Milch bezahlt. Und da finde ich auch den Schwarzriesling wieder den ich schon mal verkostet habe, und der bei mir ein vernichtendes Urteil erhielt. Natürlich muss man hier direkt zugreifen, schon klar, denn „...Dieser Artikel kann aufgrund begrenzter Vorratsmenge bereits am ersten Angebotstag ausverkauft sein" liest man hier. Das ist verständlich wenn man die Tatsache zugrunde legt, dass diese Weine einmalig für diese Sonderaktion eingekauft werden und danach gar nicht mehr erhältlich sind.

Da lachen ja die Hühner, ausgesprochen viele dieser Weine sind im Standardsortiment gelistet, so ist der Champagner von Bisinger für 17 Euro nur ein weiteres Beispiel hierfür. An diesem Champagner gehe ich immer mit Erfolg vorbei, denn wenn man ein paar mehr Euro auf den Tisch legt, kann man woanders schon den stilvollen Champagner von Pommery mit dem blauen Etikett erstehen, und der steht für pure Trinkfreude und Eleganz.

Und weiter liest man in diesem Flyer „Alle Preise ohne Deko." Zur Deko sei folgendes gesagt, alle Weinflaschen sind mit dem identischen Glas mit identischem Inhalt abgebildet, plus Plastik-Weinrebe im Hintergrund. Also meine lieben Freunde, wer sich auf die Plastik-Weinrebe gefreut hat, die ist nicht im Preis inkludiert, tragisch.

Dennoch wollte ich es natürlich wissen und habe zwei Weine in den Einkaufswagen gelegt. Einmal einen Portwein, einen 10 Jahre alten **Tawny von Armilar**, noch nie was von diesem Hersteller gehört oder gesehen. Dennoch ist dieser Port angenehm zu trinken, nicht zu süß mit einer vielleicht etwas zu starken Sherry Note, aber der war durchaus akzeptabel. Allerdings ist 10 Euro nun kein besonderes Schnäppchen, denn für diesen Preis erhält man die einschlägigen und guten Portweine von Taylors, Noval oder Rozés.

Dass solche Käufe von Sonderposten ein Glücksspiel sind und auch immer bleiben werden, verdeutlich mal wieder der nächste Wein, ein **Saint-Emillion Grand Cru**, kein Grand Cru Classé und ohne irgendeine Herstellerangabe, sehr verdächtig, also muss es sich um eine Genossenschaft handeln. Dazu noch ein Preis von acht Euro und eine Silver Medal vom China Wine competition, Ich bitte Sie. Während manch ungeübtes Auge denken mag, es könne sich hierbei um einen guten Bordeaux handeln, ist für mich alles klar. Das Urteil ist dementsprechend, ein sauber gemachter Wein der zu einfachen Gerichten passt, der Anklänge vom Stil eines Bordeaux-Weins irgendwo zeigt, aber extrem verhalten. Bei einem enttäuschenden Bukett präsentiert sich dieser Rote auch nur mit einem mittelprächtigen Körper. Ein ausdruckloser Wein, den man nicht unbedingt trinken muss, wenn man ihn jemals irgendwo wieder findet, darüber hinaus sollten Sie diesen Wein auf keinen Fall als typischen Bordeaux ansehen.

Ein Weißwein von dem ich durchaus positiv überrascht war, kostete sechs Euro, was für die Discounter schon ein High-End-Preis ist. Dieser Neuseeländer wird aus der Sauvignon Blanc Traube gewonnen. Der **Rose Creek Marlborough** ist kraftvoll, leicht buttrig und spritzig, elegant und weich. In dem sehr komplexen Bukett sind zunächst Noten von Stachelbeere, Melone und Passionsfrucht zu erkennen. Danach entwickelt sich Kiwi klar heraus.

Der **1er Cru Chablis** für nur sechs Euro befindet sich nicht in dem angesprochenen Flyer, ist aber auch nicht Bestandteil des normalen Sortiments. Er ist okay, aber dieser typische elegante Charakter eines guten Chablis fehlt vollkommen, keine Finesse, kein Charakter, ein Weißwein den man trinken kann, der aber keineswegs verzückt und zu keinem Zeitpunkt der Klassifizierung entspricht.

So skurril gestaltete Flyer und Broschüren begegnen einem ja überall, auch viele Print-Anzeigen finde ich immer wieder urkomisch. So z.B. im Douglas Magazin, wo ich ja Kunde bin, denn man erhält in regelmäßigen Abständen einen Gutschein mit 10 % Ermäßigung. Auf jeden Fall bin ich hier auf einen Anzeige von paco rabanne gestoßen, ein Parfüm welches mir noch nie gefiel. Auf jeden Fall ist ein Milchbubi mit entblößtem Körper abgebildet, der eine fette Kette um den Hals trägt, mit einem Anhänger auf welchem XS steht. Der Duft heißt dann auch Black XS. Interessanterweise wird noch kurz die Zielgruppe für diese neue Duftkreation beschrieben, mit dem Hinweis, dass man diesen neuen Duft bei einer der exzessivsten Partynächte Deutschlands selbst erleben kann. Alles klar, oder. Ich frage mich aber wofür XS, also die geläufige Abkürzung für extra small, genau stehen soll, für den IQ oder für Etwas, was sich unmittelbar unter Anhänger befindet, und wofür steh Black, der Humor vielleicht? Print-Anzeigen dieser Art werden im Marketing-Fachmagazin Horizont pointiert unter die Lupe genommen.

Manche Menschen sind einfach keine Weintrinker, das ist ja an sich auch keine Schande, nur manche haben dazu noch schlechten Geschmack und sind unbelehrbar, und das ist unverzeihlich. So trank eine Mitarbeiterin von mir mal den Pinotage eines bekannten Discounters mit Vorliebe, und auch nach wiederholtem Daraufhinweisen meinerseits, dass es sich bei dem Namen des Weins um eine Rebsorte handele und dass es aber viel bessere Weine als die Discountweine gebe, auch zu fairen Preisen, konnte keine Einsicht erzielt werden. Gut, wenn man den Arbeitsplatz als solchen betrachtet wurde einem eigentlich klar dass es sich hierbei um eine Ansammlung von uneinsichtigen Verächtern feiner Lebensmittel und des savoir vivre handelte. Denn hier wurde nicht nur verdorbenes Fleisch wieder aufgekocht, ich habe es erlebt, nein, auch auf den Lichtschaltern prangte ein Aufkleber mit „Licht aus".

Die Kaffeemaschine war nicht gerade sauber, eher das Gegenteil, genauso wie die Computer-Tastatur. Aber diese Arbeitsstelle hatte auch interessante Seiten der Studie des Menschen und menschlichen Charakter. Die Kantine war so ein richtiger Ur-Typus der Gegenbewegung des guten Geschmacks. Ein mittelgroßer Raum, keine Pflanzen, einfache Tische und Stühle, kalt. Immer fettiges und deftiges Essen, auch im Sommer, morgens Brötchen mit Hackfleisch, die Zwiebeln und der Senf dazu standen in alten, ausrangierten Margarinebehältern auf dem Tisch.

Mein Vorgesetzter, etwas beleibt, kleckert sich Senf auf die Krawatte und erzählt Witze. Und diesen Witz hat er wirklich erzählt „Gestern standen wir mit diesem Kunden vor dem Abgrund, heute sind wir ein Schritt weiter". Die Mitarbeiter lachen, und ich schüttele verständnislos den Kopf, die Hoffnung stirbt zuletzt, hier ist sie bereits begraben

Der passende Wein hierzu, wobei die Bezeichnung Wein irreführend ist, ist somit auch der Gipfel des schlechten Geschmacks, noch übler als der Tetra-Pack-Wein, obwohl dies kaum vorstellbar erscheint. Es handelt sich hierbei um ein Produkt welches nicht nur bei den Discountern zu finden ist, auch der Supermarkt um die Ecke traut sich dieses Unvorstellbare anzubieten. Dass es eine harte Prüfung wird, war mir schon klar, das es allerdings so übel wird, hätte selbst ich nicht gedacht. **Alkoholfreier Rotwein** aus Deutschland, kaum zu glauben, aber wahr. Ich mache es kurz und schmerzlos, man kaufe lieber einen guten Traubensaft, denn dieses Gesöff hier vor mir schmeckt wie dieses Tetrapack Zeugs, ungenießbar, nur noch ohne Alkohol, somit doppelt ungenießbar, einfach grauenvoll.

Wie dem auch sei, bei Lidl kann ich reinen Gewissens keinen Wein aus dem Standard-Sortiment wirklich empfehlen, von dem ich jetzt mal mehrere Flaschen kaufen würde oder den ich für einen schönen Abend einsetzen würde. Lieber Lidl-Käufer, es tut mir leid, wenn Sie sich einen Moment sammeln müssen, tun Sie dies bitte jetzt. Im Allgemeinen kann man im Discounter also keinen wirklich guten Tropfen erwarten, von ein oder zwei Ausnahmen abgesehen, die dann aber nicht Teil des Standardsortiments sind.

Getränkemärkte.

Auch bei den Getränkeabholmärkten habe ich mir nur einen einzigen herausgepickt, ich möchte und kann mit diesem Weinkaufsführer ja auch keine umfassende Verkostung aller Vertriebswege und Einkaufsstätten durchführen. Meine These ist aber die, dieser eine Getränkeabholmarkt ist genauso exemplarisch und stellvertretend für alle anderen dieser Art wie es auch bei den Discountern der Fall ist.
Ich habe den Getränkeabholmarkt „Hol´-Ab!" ausgewählt, warum, ganz einfach, er befindet sich direkt neben Lidl. Ich frage mich welcher Fachmann hier für den Namen verantwortlich war, eine Katastrophe oder. Die Weinabteilungen in solchen Getränkemärkten sind in der Regel eher sehr dürftig, bis auf einen Markt den ich mal in Essen näher betrachtete. Dass er ausgerechnet in einem einkommensschwachen Gebiet lag, wunderte mich doch. Wie auch immer, dieser Hol-Ab Markt hier hat seinen Weinauftritt einem Re-Launch unterzogen. Wie bei Karstadt bedeutet dies, dass das Sortiment gestrafft wurde und das Erscheinungsbild dieser Warengruppe aufpoliert wurde. Die Weine sollen höherwertig und edler präsentiert werden, allerdings hat dies in diesem Fall nichts an der Qualität der Weine geändert.
Der Getränkemarkt hat sich wirklich Mühe gegeben, das Sortiment ist ansehnlich präsentiert und sie haben sogar eine kleine Broschüre an der Kasse liegen, in der alle Weine abgebildet und mit einer Kurzrezension versehen sind. Interessant ist die „Genuss-Garantie", wenn der Wein nicht schmeckt, kann er wieder zurück gebracht werden und man erhält den vollen Kaufpreis. Na das müsste ich doch mal ausprobieren. Traurigerweise wird hier wieder mit Lobpreisungen übertrieben und der Vergleich von Geschmacksempfindung und Beschreibung der Weine klaffen zu weit auseinander. So tragen die gemachten Anstrengungen keine wirklichen Früchte.
Bei den verkosteten Weinen handelt es sich ausschließlich um Weine mit einem schlichten Wesen. Gewöhnliche, freundliche Alltagsweine, aber keine wirklich erwähnenswerten Weine, weshalb diese auch nur im Anhang auftauchen.

Rossmann.

Also dass ich mal in einer Drogerie Wein kaufe, hätte ich auch nie gedacht. Windeln und Obstgläschen kaufe ich ja jetzt öfter mal in verschiedenen Drogerieketten, insbesondere die Sorte Pfirsich Maracuja, also bei den Obstgläschen versteht sich. Noch sind wir bei den Windel nicht so weit, da ich allerdings schon Toilettenpapier mit philosophischen Sprüchen gesehen und gekauft habe, ist es bei den Windel wahrscheinlich nur noch eine Frage der Zeit, bis es diese in verschiedenen Geschmacks- bzw. Duftrichtungen gibt.

Aber Wein hatte ich bisher noch nicht bei einer Drogerie gekauft. Wie bin ich nun auf diesen Trichter gekommen. Ich habe in einem Artikel in einer Weinzeitschrift über einen Roten bei Rossmann gelesen, das er bei irgendeiner tollen Verkostung als „Best buy under 7 Dollar" ausgezeichnet wurde, und die Beurteilung in ebendieser meiner Weinfachzeitschrift viel auch recht positiv aus. Hier las ich: „Der Duft erinnert mit seiner erdig-kirschigen Art… die Cuvée aus Tempranillo und Garnacha hat auch was Animalisches…mehr Fülle im Mund als ein Primeurwein und sehr gut eingebautes Tannin…"

Also bin ich los gezogen um diesen animalischen Los Caminillos Vinhos de Madrid für knappe drei Euro zu erstehen. Leider hatte ich den Namen nicht mehr ganz parat und als ich vor Ort war, bin ich stattdessen mit zwei anderen Rotweine und einem Paket Windeln aus der Drogerie gegangen.

Sowohl der Val **di luca Rosso Piceno wie auch der Gran del Mio** stammen aus Italien und kosten jeweils vier Euro. Sie sind ein bisschen wie der einfache Cabernet Sauvignon von Gallo, ordentlich gemacht und ehrlich, ohne Tiefen und Komplexität, verlässliche Alltagsweine. Wobei der Val di luca einen etwas kräftigeren Körper hat als der Gran del Mio.

Im zweiten Anlauf habe ich dann den **Los Caminillos** eingekauft. Den erdig-kirschigen Duft kann ich unterstreichen, das mit dem Animalischen irgendwie nicht. Dass er mehr Fülle im Mund hat als ein Primeur Wein, würde ich jetzt auch nicht sagen, da habe ich schon sehr schöne Bojaulais Primeur Weine getrunken. Es ist vielmehr ein simpel gestrickter Wein, etwas schwächlich.

Bei Rossmann kann man durchaus einfachen, sauber gemachten Wein kaufen, muss man aber nicht.

Als ich mal wieder loszog, eines meiner liebsten Duschpeelings mit Meersalz und Algen zu kaufen, staunte ich nicht schlecht. Sie hatten einen Chateau Lafitte von Rothschild für unter 150 Euro im Angebot. Abgesehen davon dass das wirklich der exquisiteste Artikel war, den ich je in einer Drogerie erspäht habe, habe ich mich dann doch gegen dieses „Superangebot" entschlossen. Nachdem es neuerdings auch Urlaubsreisen bei Discountern und Baumärkten im Segment gibt, finden sich bestimmt auch bald Weine in den Regalen von Baumärkten und Bürofachmärkten, doch dazu später mehr.

Bordeaux und die Normandie.

Was kann es Schöneres geben, als das Leben. Neues Leben. Jeder Tag ist ein Wunder, jeden Tag habe ich über diesen süßen Bauch gestreichelt, in dem das neue Leben wohnt. Bei der Ultraschalluntersuchung konnte man sehen wie es sich bewegt, den Daumen in den Mund steckt. Da ist mir vor Entzücken und Erfurcht der Atmen erst mal stehen geblieben und ich musste erst mal tief durchatmen. Ein wahres Wunder, man sieht auch schon die Wirbelsäule und alle Finger, unglaublich. Natürlich haben wir, als meine Freundin mir erzählte sie sei schwanger, dies erst mal entsprechend gefeiert, mit ihrem erst mal letzten Schluck Alkohol. Hierfür musste selbstverständlich etwas Gebührendes her, einen **Chateau Latour Jahrgang 1991**, ich hatte diesen exquisiten Wein noch aus den Anfängen meiner Sammlerzeit. Majestätisch, einfach umwerfend, der Inbegriff eines voluminösen und perfekt ausgewogenen Bordeaux. Unbändige Kraft in Samt gehüllt. Perfekt! Natürlich las, und lese auch immer noch fleißig in diversen Büchern über das Phänomen Leben, Geburt und Kinder. Eines war besonders abschreckend, eignet sich nur zum Querlesen, und dann zum wegwerfen. Der Autor ist Pädagoge und das Buch stammt aus den spätern 70igern, was aber nicht direkt zu erkennen war, ich habe ja auch nur das Cover gelesen, was sich als ein gewaltiger Fehler herausstellen sollte. Abgesehen von einer für die heutige Zeit merkwürdigen Ansicht über das Thema Männer und Frauen, die Empfehlung einer Männergruppe beizutreten die sich natürlich in einer Kneipe trifft und zwei von sieben Abenden über Sex reden soll, haben die abgebildeten Frauen mehr als nur unästhetische Büschel unter den Achseln

Das Kinderzimmer war in der 40sten Woche vollständig eingerichtet, auf jeden Fall alles bin hin zur Winnie Puh Bordüre da. Und dann war Leon einfach da, die neun Monate schienen wie im Flug vergangen zu sein, ein paar Tage zu spät kam er, am 22 November anstatt am 13 November. Ein großartiges Ereignis.

Jede Menge Bordeaux-Weine. Winterzeit ist auch die Zeit der schweren Weine und der Bordeaux-Weine. Es ist Dezember, gerade ist mal wieder das Weihnachtsfest vorbei. Manchmal waren die Feste schon merkwürdig, jeder hat hier bestimmt seine Erlebnisse, aber in den letzten Jahren war es immer wunderschön. Vieles hängt selbstverständlich auch von der eigenen Einstellung ab, und es gehen Menschen die man liebt, aber dafür kommen auch wieder Neue hinzu. Das erste Weihnachtsfest für Leon. Aber zurück zum Wein, gleich schaue ich erst mal nach, was der gottgleiche Parker über diesen **Chateau Dauzac**, den ich bei Jacques´ Weindepot erstanden habe, geschrieben hat. Also ehrlich, der Wein begeistert mich, der Jahrgang (ein 97er) war zwar nicht gerade besonders hervorzuheben, aber dieser Wein ist toll. Nicht zu teuer für eine Bordeaux in dieser Kategorie, so um die 20 Euro, eine intensive, tief rubinrote Farbe, voll im Körper, der typische Cassisduft, rote Früchte und Vanille mit Röstaromen im Bukett. Weiche Tannine die dem Wein Rückgrat geben, ohne auch nur im Geringsten störend zu wirken.

Um Längen besser als der **Chateau Montrose**, den ich bei Karstadt zu 80 Euro gekauft habe, also ehrlich, 80 Mäuse für einen Wein, und Parker schwelgte nur so über diesen Wein, gab ihm über 90 Punkte. So bin ich direkt hin und habe zwei davon gekauft, tja und dann kam eins meiner typischen Erlebnisse. 15 Euro ja, vielleicht hätte ich auch maximal 20 Euro dafür ausgegeben, und was hab ich ausgegeben, das Vierfache, also was für ein Reinfall. Blasse Farbe, kein Körper, kein Bukett, schmeckte irgendwie dünn und grün, wie Gras, dabei, wer hat denn schon mal ins Gras gebissen, also bevor er sich die Radieschen von unten anschaut. Sagen wir eher, er hat geschmeckt wie grüne Paprika mit Sauerampfer.

Meine größte Enttäuschung bisher war der **Mouton Rothschild 1991**. Zu einem meiner Geburtstage habe ich diesen Wein mit dem legendären Namen entkorkt. Im Handel kostet er über 200 Euro, bezahlt hätte ich jetzt dafür nur einen Bruchteil. Wie gut also, dass ich ihn vor vielen Jahren für 50 Euro gekauft habe.

Hingegen ist der **Chateau Cantemerle** ein exquisites Geschenk, welches wirklich ganz hervorragend mundet. In der Nase präsentiert er sich mit einem verlockenden Würzhauch und intensiven Aromen, kombiniert mit einer guten Struktur und einer erstaunlichen Komplexität am Gaumen.

Anfang der 90er machte Bordeaux kaufen noch Spaß, da konnte man noch Weine von Spitzengütern mit Freude einkaufen. Doch heute haben sich die Preise teilweise versechsfacht! Welcher „normale" Mensch kauft sich denn heute bitte schön einen Chateau Latour oder Margaux für 600 Euro? Man muss schon sehr auf Schnäppchen achten, denn ein Reinfall tut wirklich weh.

Vergleichen wir einfach noch einmal was der Weinpapst Parker über meinen kleinen Bordeaux, den Dauzac schrieb: „5eme Cru Mittel Abstufung zum Cru Bourgeois empfehlenswert", so, also vielleicht hat sich Herr Parker da mal geirrt, kann ja sein, ich mein, der trinkt sich da so durch die ganzen schweineteuren Weine, da ist halt mal einer durchgeschlüpft durch die Bewertung, nicht schlimm, so was kann passieren. Allerdings sind das mit dem Chateau Montrose schon zwei Beurteilungen wo wir nicht einer Meinung sind.

Was ist das Fazit, nicht nur dieser kleinen Anekdote, sondern vieler, vieler Weine, durch die ich mich so durch getrunken habe, Bücher können einem viel erzählen, sie können Hilfe bieten und Ratschläge ebenso, aber, wenn man ein romantisches Dinner plant oder die Familienfeier mal wieder auf Messers Schneide steht, dann hilft nur eines, den Wein unbedingt vorher verkosten und sich nicht blind auf die blumigen Beschreibungen in diversen Katalogen oder Büchern verlassen.

Trinkreife Bordeaux Grand Cru Classé sind im Handel in der Regel teuer, mit einigen Ausnahmen, insbesondere in den Klassifizierungen darunter. Und Sie müssen sich schon früh eindecken, je nach Jahrgang und Preis sind die aktuellen Weine ein paar Jahre später genussreif, kann aber auch ganz schön dauern, das macht nur Spaß wenn Sie diese Weine wirklich auch sammeln und schon als kleine Schätze betrachtet. Gerade vor mir liegt ein kleines Booklet (aus irgendeiner Weinzeitschrift) mit dem Titel „100 Bordeaux für alle", was übersetzt bedeutet „Bordeaux-Weine die sich auch das einfache Volk leisten kann", schon klar. Nur einen Einzigen habe ich gefunden, der mir bekannt vorkommt, ist ja auch kein Wunder, da die Bezugsquellen nicht die großen Supermärkte oder der Fachhandel sind, sondern kleinere Anbieter, die über ganz Deutschland verteilt sind. Über den **Chateau Pey La Tour**, ein

Grand Vin de Bordeaux, Bordeaux Superior Reserve, ist zu lesen „Nase mit intensiver Frucht, deutlichen Röstaromen, leichten Ledernoten und einem sehr guten Finale".

Gestern habe ich diesen Superior Reserve mit meiner Freundin verkostet, beide können wir uns der obigen Meinung anschließen, durchaus auch mit dem Leder. Es stimmt einen immer wieder froh, wenn Beschreibungen über Weine nicht jenseits von Gut und Böse sind und auch mal zutreffen. Ich würde noch hinzufügen, dass er angenehm weich ist, was auf den hohen Merlotanteil von 75% zurück zu führen ist. Mit einem Preis von 12 Euro ist er mit dem Chateau du Grand Moueys in derselben Genuss- und Preislage.

Es gibt auch noch einen einfacheren, jüngeren **Pey La Tour** für 6,50 Euro, und noch einen Clos la Tour. Dieser einfachere Pey La Tour hat ebenfalls den Turm auf dem Etikett. So viele Türme bei Karstadt, die alle vom Erscheinungsbild auf dem Etikett an den Primeur Grand Cru Classé Chateau La Tour erinnern. Nicht ganz so Bordeaux-like wie der Reserve, aber dafür ist er auch um einiges günstiger. Man hat einen gefälligen Wein im Glas. Wer also nicht ganz so viel ausgeben möchte für einen Bordeaux, sollte die Weine von Pey La Tour mal probieren.

Ein Bordeaux mit einem exzellenten Preis-Genuss-Verhältnis, für um die 25 Euro u. a. bei Karstadt erhältlich, ist der **Chateaux Potensac**. Ein einfach superber Wein, ein wunderschönes, typisches Cassis-Kräuter-Bukett, ein voller, runder Körper, elegant mit Charakter und schönem Nachhall, weiche Tannine.

Ein wunderbarer Zweitwein aus St. Julien ist der **Clos du Marquis** von Chateau Léoville Las-Cases für 30 Euro zu haben, aber nicht so yummy wie der Chateau Potensac. 30 Euro sind nicht wenig für einen Cru Bourgeois, wenn ich überlege, dass ich mir 1992 den Grundstock meiner kleinen Sammlung mit einem Chateau Pichon Longueville Comtesse de Lalande 1990 für ebenfalls 30 Euro, schuf. Um den preislichen Verfall und dessen Dekadenz deutlich zu machen ziehe ich die Klassifizierung von diesem Wein heran. Es ist ein hervorragender 2éme Cru mit der Empfehlung zum Premier Cru. Seit damals haben sich die Preise vervielfacht, teilweise versechsfacht, und es macht ehrlich gesagt keinen Spaß mehr für einen Wein ein Vielfaches seines eigentlichen, ursprünglichen „Wertes" hinzulegen.

Die Baronin von Mouton Rothschild hat einmal in einem Interview gesagt, Bordeaux Weine sollte man nicht sammeln, sondern trinken, hahaha, wenn ich soviel Kohle hätte, würde ich auch in Milch und Honig baden, aber so wie die Situation ist, sammele ich doch gerne ein paar Weine und ein paar trinke ich dann halt auch. Einer der grandiosesten Bordeaux-Weine, die ich bisher je verkostet habe, war der **Chateau Lynch Bages** 1984, ein verführerisches Ambrosia, unbeschreiblich, für damals 40 DM (unglaublich günstig da der Jahrgang nicht so toll war, was die Weinpreise im allgemeinen sinken lässt, aber einige Güter haben dennoch super Wein hervorgebracht). Den 98er wie auch ein paar Flaschen des 99ers habe ich hiervon erst mal eingelagert. Lynch Bages habe ich noch damals in der Stadt Essen in einem relativ großen Fachhandel gekauft, der hatte eine wirklich herrliche Auswahl an verschiedenen Bordeaux Weinen, da machte es wirklich Spaß herumzustöbern. In einer alten Lagerhalle untergebracht, mit vielen Grand Cru Classés, aber dann eines Tages kam ich mal wieder des Weges, und die ganzen Schätze waren verschwunden, tja, die Steuerfahndung hatte da mit dem Eigentümer etwas zu regeln und hat dann wohl kurzerhand die Sammlung annektiert, that´s life.

Ja so ist das, aber mal schauen was wir noch so verkostet haben. Der **Chateaux Pape Clement** ist ein wahrlich ein betörender Wein, einfach umwerfend. Neben dem göttlichen, sehr komplexen Bukett ist er vollmundig und angenehm rund, ein großer Wein der perfekt ausgewogen ist und ein wahres Erlebnis darstellt. Ich habe hiervon letztens in Hamburg den 95er für 90 Euro erspäht, dass sind 180 DM für eine Flasche Wein, etwas heftig. Zum Thema Bordeaux ein Buchtipp. „Bordeaux und seine Weine" von R. Joseph mit atemberaubenden Bildern versehen, allerdings nur mit geringem Informationsgehalt was die Weine und Jahrgänge angeht. Möchte man sich nicht nur an Bildern berauschen sondern auch etwas mehr über die Chateaux erfahren, sollte man unbedingt zu dem großen Johnson oder dem Parker greifen, Standardwerke für jeden Bordeaux-Liebhaber.

Einer meiner Lieblings Bordeaux-Weine ist der **Leoville Barton.** Für knappe 35 Euro war es ein erstklassiges Schnäppchen welches ich noch in Bremen erstanden habe, als ich bei einem bekannten Cerealienhersteller gearbeitet habe. Normalerweise kostet er fast das Doppelte. Einfach yummy, wenn Sie diesen Wein sehen, müssen Sie ihn unbedingt kaufen. Ein typischer, delikater Bordeaux der Spitzenklasse, gehaltvoll, weich und harmonisch im Geschmack.

Als passionierter Sammler und Genießer von Bordeaux-Weinen darf natürlich auch nicht der legendäre Chateau d´Yquem fehlen, von dem ich eine 0,375 Liter Flasche für 100 Euro, erstanden habe. Da diesen Weinen unglaublich lange Haltbarkeit zugewiesen wird weiß ich gar nicht welches Ereignis dazu führen wird, dass ich diesen 98er verkosten werde. Von diesem sagenumwobenen Wein habe ich im aktuellen Hawesko Katalog einen Jahrgang entdeckt der lockere 400 Euro kostet, die 0,375 Flasche wohlgemerkt, ist doch krank, oder? Doch dahin geht der aktuelle Trend bei hochwertigen Jahrgängen für Spitzen-Bordeaux-Weine, für einen 2005er Mouton Rothschild soll man in der Subskription über 500 Mäuse hinlegen, über 500. Ja die spinnen doch die…

D-Day! Ursprünglich wollten wir uns nur einmal die D-Day Orte anschauen, doch jetzt kommen wir jedes Jahr hierher in die Normandie. Hier gibt es viele gute Alltagsweine zu günstigen Euros und wir haben auch ein paar gute Bordeaux Weine zum Einlagern erstanden. Wunderschöne Wege entlang der Küste zählen zu unserem Standardprogramm, das wir diesmal auch ohne Verletzungen durchgezogen. Bisher zählen wir hierzu einen arg verstauchten Knöchel und eine Platzwunde am Hinterkopf durch Steinwurf. Die Platzwunde wurde dann durch meinen Kollegen als angehenden Arzt eigenhändig genäht, die Betäubung war ja schon durch genügend Rotweinkonsum beiderseits und den heftigen Aufprall vorhanden. Wenn der Raps in voller Blüte steht geht er zusammen mit dem lagunenblauen Himmel eine betörende Duft- und Farbkombination ein, man steht einfach da und lässt es auf sich wirken, mehr nicht. Meine Digicam kam vortrefflich zum Einsatz und die Bilder und Videos sind einfach umwerfend, schaue ich mir diese jetzt an, denke ich wir wären dort. Ich muss allerdings auch eingestehen, der Kleine und meine Süße haben mir schon gefehlt, obwohl ich nur kurz weg war. Viele Weine und viele Bordeaux-Weine sind hier günstiger, selbstverständlich nicht alle.

Den **Zweitwein von Chateau Pichon Longueville, den Les Tourelles de Longueville,** habe ich für gerade mal 20 Euro eingekauft. Ein gehaltvoller, großer Wein zu einem Superpreis, der hier bei Karstadt oder Mövenpick noch mal einiges mehr kostet. So lese ich gerade im Flyer von Mövenpick, dass es den aktuellen Jahrgang von Les Tourelles zum Einführungspreis von nur 26,90 Euro zu kaufen gibt. Also ist damit zu rechnen, dass man für diesen Wein bald noch etwas mehr Geld ausgeben darf. In den französischen Supermärkten gibt es erfreulicherweise eine große Bandbreite von Weinen zwischen 5 und 10 Euro die von gehobener Qualität sind, sehr schmackvolle Grand Vin darunter.

Auf jeden Fall habe ich nicht nur Bordeaux-Weine verkostet und importiert, sondern mir auch mal einen Burgunder zugelegt, der auch elegant daherkommt, ein Vosne-Romanee, leider keinen sagenumwobenen und sündhaft teueren Romanee-Conti. Dennoch die wahre Finesse blieb mir verborgen, vielleicht waren 20 Euro doch zu wenig oder er war noch zu jung, oder, ich weiß es nicht, denn Burgunder-Weine sind nicht mein Schwerpunkt. Insofern muss ich Sie enttäuschen, wenn Sie etwas über Weine aus dieser Gegend oder über Chateaux Neuf du Pape Weine erfahren wollen.

Ach ja, kulinarische Leckerbissen festerer Konsistenz kommen auch nicht zu kurz, ich habe mir noch eine kleine Dose Foie Gras du Canard gekauft, für 15 Euro, uijuijui. Hier in Deutschland kann man noch mal 10 Euro drauflegen, schweineteuer, also ententeuer sozusagen. Geschmacklich ist sie etwas feiner und eleganter als Pastete (aber irgendwie doch alles Leberwurst), und macht natürlich tierisch dick, ist doch klar, aber dafür fange ich bald an zu joggen, ich passe doch bereits in viele meiner Hosen nicht mehr rein, da sehe ich fast auch so aus, wie sonne Stopfleber.

Es ist einfach ein unbeschreibliches Gefühl direkt an der Steilküste zu sitzen, kein Mensch weit und breit, nur die unendliche Weite des Meeres und einfach Natur. Kulinarische Häppchen waren diesmal Entenbrüste und Jakobsmuscheln, die wir auf den Grill geworfen haben. Also bei der Ente erwartet einen aufgrund der Fettschicht ein wahres Flammeninferno, aber sie hält das Fleisch schön zart. Und die Jakobsmuscheln munden einfach göttlich, im französischen

Supermarkt relativ günstig zu kaufen, sind auch unbedingt in einer Pfanne auf dem Grill zuzubereiten, da sie ihr elegantes Aroma, wenn direkt auf den Grill geworfen, schnell einbüßen. Vive la France!

Edeka.

Viele Weine zu verkosten ist auf Dauer doch ganz schön teuer, insbesondere wenn man sich bei Weinen um die 10 Euro eingependelt hat. Da braucht man sich gar nicht zu wundern wo die ganzen Penusen bleiben. Auf jeden Fall stand bei meinem letzten Besuch in der Kassenzone ein Burgunder aus dem Jahre 1998, **Cote de Beaunes Village,** für nur sieben Euro. Aber meine Befürchtung trat ein, für sieben Euro einen guten Burgunder zu erstehen ist fern ab jeder Realität. Dieser war dünn mit einem Geruch von Ethanol oder Brennspiritus, auf jeden Fall aber roch er nach billigen Branntweinbohnen und somit auf jeden Fall unangenehm. Vom Geschmack als solchem hätte man den Wein ja fast trinken können, wenn man nicht bei jedem Schluck diesen Alkoholgeruch durch die Nase zieht. Forget it, der Wein erscheint auch gar nicht in der Bewertung, da er hoffentlich nur Aktionsware war. Stellen Sie sich vor Sie hätten diesen Wein für ein romantisches Dinner, Geburtstag oder Weihnachten gekauft, nicht auszudenken die Folgen.

Auf der Suche nach einfachen Weinen, die gute und saubere Begleiter zum Essen sind, reihen sich die nächsten drei Bio-Weine ein. Alle mit einem ausgesprochen guten Preis-Leistungs-Verhältnis. Der **Belcante Bio-Merlot**, ist ein Franzose mit 13,5 % Alkohol, die man aber nicht merkt. Unkompliziert, aber keineswegs banal im Geschmack mit angenehmer Frische und ansehnlicher Struktur. Durch die Ein-Liter-Flasche wartet er mit einem extrem guten Preis-Leistungs-Verhältnis auf.

Wie auch der nächste Bio-Wein, diesmal aus Italien, genauer gesagt aus Sizilien, aus der Nero d´Avola Traube. Der **Solluna,** also Sonne und Mond, ist ein einfacher aber anständiger Wein. Natürlich kann man hier nicht über das Bukett schwärmen und träumen, aber er ist weder wässrig, noch zu säurebetont, er ist bodenständig und gut gemacht, und für 3,50 Euro ein unschlagbarer Alltagswein.

Der **Laudum** ist ebenfalls ein Mittelgewicht, aber wie die anderen auch sauber und korrekt macht, gefällig und sehr ansprechend.

Den **Laudum** gibt es auch noch als normalen Wein, also nicht als Bio-Wein. Wären wir vom Bio-Wein nicht so überzeugt gewesen hätten wir diesen wahrscheinlich nicht gekauft. Nichtsaussagende

Erläuterungen auf dem Rückenetikett, welches auch noch mit Rechtschreibfehlern (schlampige Übersetzung und somit am falschen Ende Geld gespart) versehen ist. Mit wuchtigen 13,5 % Alkohol wurde er im Barrique ausgebaut und 3 Jahre gelagert, wovon ich mir so einiges versprach, in Relation zu dem Preis selbstverständlich. Und siehe da, eine angenehme Überraschung, dieser Wein präsentiert sich wirklich genießbar, ja sogar fast schon genüsslich. Auf jeden Fall ein gut gemachter Wein, mit Körper, Farbe, Struktur, Rückrat und Geschmack.

Edeka hat, je nach Outlet-Größe, ein mehr oder weniger stark ausgeprägtes Sortiment, hier findet man natürlich die gängigen Gallo Weine, ich frage mich wo diese noch nicht sind, bei den Tanksstellen-Shops sind sie ebenfalls meistens gelistet. Bei einem Bordeaux für sechs Euro ist Vorsicht geboten, kein guter Jahrgang dazu, allerdings prangt eine Silbermedaille auf dem Etikett, aber wer weiß, wer da schon wieder in der Jury saß. Haben sich bestimmt alle gut einen gepichelt und dann ab in die Bewertungsrunde. Die Vorsicht war begründet, ein einfacher Wein, der Anklänge an Bordeaux-Weine erahnen lässt, aber bei vollständiger Abwesenheit von Charakter oder Finesse oder irgendetwas, was einen schönen Bordeaux ausmacht. Dies sind die Art von Bordeaux-Weinen, die meinen Großvater zu der Aussage hinreißen lässt „ Damit haben wir im Krieg immer den Boden der Stube besprenkelt, weil diese so staubig war". Wenigstens ist der **Chateau Combray** schön süffig und somit gekühlt trinkbar.

Kuriositäten und ein Weinspiel.

Die Welt ist schon verrückt, und das TV Programm wird immer übler, nicht nur das man vier Stunden davor hockt um einen Zwei-Stunden-Film zu schauen, die Bespaßung wird auch immer niveauloser. Bin ich doch letztens bei „Deutschland sucht den Super dog" hängen geblieben, die Beschränktheit wird alleine schon durch den Titel ausgedrückt, und nach einer Minute war ich der Verzweiflung nahe, armes Deutschland.

Kongenial wird dieser Verfall ergänzt durch „Deutschland sucht das Traumpaar", kurz nachdem ich Thomas Anders, also Nora von Modern Talking, mit einer Blondine verpasst habe, pries mir D.T. Heck die supersexy Wetterfee aus dem Ersten an, oder war's das Zweite, da würd man direkt an Hochs denken, is klaa. Die Wetterfee bewegte dann unrythmisch ihre Hüften und Lippen zum gemeinsamen Song mit Truck Stop, die kenne ich noch aus den Autofahrten mit meinem Großvater, der legte ja immer so hammerharte Kassetten auf, und Truck Stop war damals schon alt. Also ehrlich das ist Folter, ich meine wer schaut sich so etwas ernsthaft an, ich war sprachlos. Welcher Wein passt hierzu, egal, Hauptsache er betäubt die Sinne, und zwar alle.

Zur Entspannung blätterte ich in einem Katalog für dies und das: „Pro Idee – Neue Ideen aus aller Welt", und fiel fast vom Schlitten. Hier sind auch wirklich neue Ideen aus aller Welt drin, bei manchen fragt man sich aus welcher Welt, aus einer anderen Galaxie vielleicht. Neben der Pfeffermühle als Baseballschläger, die schon krass war, wurde hier eine Decke angepriesen. Keine einfache Decke, nein, eine Veloursdecke mit eingearbeitetem Handschuh (aber nur mit einem) zum idealen Buchlesen. Allein der Gedanke ist schon grotesk, oder? Die darin eingewickelte Dame, lag natürlich in Unterwäsche, vor einem Kamin auf dem Sofa, da sollte ihr doch eigentlich schon warm geworden sein. Aber wo war der zweite Handschuh, oder soll man zum Weiterblättern immer die Hand aus der mollig warmen Decke nehmen.

Als passionierter Hobbykoch gefiel mir der Vakuum-Marinierer „Mr. Marinator" natürlich besonders gut, Trade-Mark liest man, für schlappe 99 Euro ein echtes Schnäppchen. Dieser Mr. Marinator, so lese ich, schafft es in 10 Min. statt in 10 Stunden ein perfekt mariniertes Grillsteak, Schnitzel, Fisch oder sonstiges herzustellen. Durch Vakuum öffnen sich nämlich die Poren, also des zu Marinierenden, was es nicht alles an merkwürdigen Dingen gibt. Eine Pfeffermühle mit fast verschollener Florentiner Holzmalerei ist ein weiterer Höhepunkt des Katalogs. Ja, das muss man sich mal bewusst machen, was für ein Kleinod man hier erstehen kann, fast verschollen die Malerei, nicht ganz, nur fast. Die Pfeffermühle darf man jedoch nicht permanent dem Küchendunst aussetzen, dann löst sich nämlich die Farbe ab, schon klar, dann wäre die Malerei ganz verschollen. Und auch dieses Superding kostet nur schlappe 99 Euro. Aber mein Favorit ist das Auto mit Wasserstoff-Antrieb, „ein Menschheitsstraum....und es fährt schon ... auf Ihrem Schreibtisch". Der H-Racer, ein flotter Renner für nur, na raten Sie mal, genau, für 99 Euro und 95 Cent diesmal. Keine weiteren Fragen.

Wirklich gut allerdings fand ich nun, aber diesmal ehrlich, ein Weinspiel „Welt der Weine", mit vielen Fragen verspricht es jede Menge Spaß. Und es kostet auch nicht den Standardpreis, sondern 39,95 Euro. Also das habe ich mal auf die Weihnachtsgeschenkliste gesetzt.

Neulich habe ich bei dem Bürofachmarkt meines Vertrauens, bei staples etwas herumgestöbert, mein Auto stand gerade in der Warteschlange für die Winterreifen (nicht bei dem Bürofachmarkt) und so hatte ich etwas Zeit. Nach dem ich mich eine Zeit lang mit einer mitgebrachte Zeitschrift amüsiert hatte, und Anzeigen wie die folgende las, „die Kosmetikmarke Lancome liebt Männer", natürlich wurde dies cosmopolit formuliert „loves men". Abgebildet war ein Produkt zur Bekämpfung der Spuren des Alters „Age fight". Blockiert 99% oxidativen Stress, was ist oxidativer Stress. Elektronenentzug oder Vereinigung mit Sauerstoff, das etwas oxidiert hat man ja schon gehört, aber oxidativer Stress, ein schönes Wort, aber warum nicht 100% Blockade? Na ja, im Kleingedruckten lese ich dann, dass es sich um einen Test ex vivo handelt, also in vitro, somit ohne das lebende Objekt, aha. Also kann man die 99% Aussage schon mal vergessen und geht auf die anderen Daten in der Anzeige. 63 % der Testpersonen bescheinigen gemilderte Falten bei einem Blindtest über vier Wochen, mit 120 Männern. Ja das sind nun sehr subjektive Aussagen der Probanden. Klar, irgendwie sind die Falten weniger geworden, war ja auch ein netter, bezahlter Test, und ich fühle mich auch irgendwie besser, gelle.

Nun stößt man manchmal auf Dinge, die einen doch überraschen. Wie zum Beispiel Wein im Bürofachmarkt. Zur Auswahl standen fünf internationale Weine, der von mir gekaufte Australier ist ein akzeptabler Alltagswein den man halt so trinken kann, nichts Besonderes. Weiter werde ich mich hier allerdings nicht durchtesten. Ja und nebenbei hätte ich hier fast noch Lebkuchen gekauft, nur Schreibwaren wollte ich irgendwie nicht kaufen.

Runde Zwei - Jacques´ Weindepot.

Die Depots sind ja mittlerweile zu einer bedeutenden Institution geworden, und ich musste feststellen, dass auch hier das Weinsortiment einem gewissen Wandel unterliegt, sicher besteht ein Kernsortiment, aber einige Neue sind auch am Start. Insofern kann es sein, dass ein verkosteter Wein nicht im Sortiment ist, in diesem Fall senden Sie mir doch einfach eine Email und ich werde mich verkostigenderweise darum kümmern.

Weinbeschreibungen vs. Realität. Bei dem **Quinta Roaz** vergleiche ich mal wieder meine eigenen Empfindungen mit denen der professionellen Verkoster und schaue was hier so gepredigt wird. Tja, nur leider stand diesmal einfach da „ein würziger Rotwein", und so war es denn auch. Das Bukett ist sehr verhalten, eigentlich kann man hier nicht von Bukett sprechen, und ich würde den Wein als einen guten, neutralen Begleiter beurteilen. Ein sauberer, einfacher Wein ohne große Höhen oder Tiefen.
Ein wunderschöner, weiniger Wein, richtig traubig, mit schöner Frucht, weichen Tanninen und einem ausdrucksvollen Duft von Rosinen und Pflaumen ist der **Messidoro von Lazio Rosso**. Im Glas zeigt dieser Verschnitt aus Sangiovese, Montepulciano und Cabernet eine fast schwarze Farbe mit guter Struktur am Gaumen. Zu seinem Vorteil gehört auch ein akzeptabler Preis.
Leider lese ich über den **Chateau de Varrains**, dass er ein „mittelkräftiger Rotwein" ist und aus Cabernet Franc gekeltert wird, und dass seine Art „überraschend füllig und rund ist". Tja, schade, mittelkräftig ja, aber weder füllig noch rund, eher, gestaltlos, flach und dünn, ohne Körper und charakterlos. Da sollte man sich doch lieber einen Anderen aussuchen.
Bei meinem letzten Besuch habe ich ein Booklet erhalten, in dem einige Winzer mit ihren Weinen vorgestellt werden. Die Hersteller oder Direktoren sind DIN-A4 groß abgebildet, was man bei dem einen oder anderen lieber nicht hätte tun sollen. Bei manchen möchte man direkt den Wein kaufen, man sieht dass sie echte Freude am Weinmachen haben, während manch andere düster drein blicken. Ein

paar haben auch schon zu tief in Glas geschaut, so sieht es auf jeden Fall aus.

Ausgerechnet der Castell Firmian, abgefüllt durch eine Genossenschaft, ist nicht in diesem Booklet. Er ist mittelkräftig, in der Nase sind Anklänge von roten und schwarzen Früchten, zu weiche Tannine ergeben allerdings in der Abschlusswertung einen eher schwachen Wein. Simpel gestrickt, korrekt gemacht, aber auch nichts Besonderes halt.

Dies und das. Der **Les hautes Terres Dámbre** aus Frankreich ist ein guter Begleiter zum Essen. Er hat eine fein ausbalancierte Struktur mit angenehmer Frucht, wobei die Syrah-Traube diesem Wein die typische Kirschnote verleiht. Für 10 Euro befindet er sich allerdings in einem Preissegment, wo man eigentlich mehr erwarten könnte.

Zwei Shiraz-Weine treten nun gegeneinander an, der **Bleasdale** aus Australien, gegen den **Montes Alpha** aus Chile. Beides sind feine Weine, allerdings mit Einschränkungen. Der mittelkräftige Shiraz ist mir wie der Cabernet Sauvignon von Montes Alpha etwas zu sehr dominiert von roten Johannisbeeren, während der Bleasdale von geringer Nuancenvielfalt ist. Er ist gehaltvoll und traubig, aber ihm fehlt das gewisse Etwas. Insgesamt gesehen hat der Bleasdale aber dennoch mehr zu bieten als der Montes Alpha, für den man auch noch sechs Euro mehr berappt.

Welcher mir nun so gar nicht gefallen hat, ist der **Cercius** aus Frankreich. Ein schlanker, leichter Wein mit verhaltener Frucht und zu viel Säure, des war nischt.

Kauft man eine ganze Weile nicht bei Jacques´ ein, wenn man vorher dort relativ viel Geld gelassen hat, dann erhält man einen Reanimationsgutschein. Es wird also versucht die Person wieder zu beleben, durch Weinkauf. Ich habe Einen im Wert von 20 Euro erhalten, so ungefähr die Summe welche ich im Vorjahr als regulären Gutschein für meine Einkäufe erhalten habe. Was könnte man daraus ableiten, kaufe viel und regelmäßig, setze dann ein Jahr aus und kaufe während der Zeit bei Mövenpick ein, und danach einfach bei Beiden.

Verkostungsrunde 1 – Weine um die 6 Euro. Immer

Wein um die 10 Euro einkaufen wird auf die Dauer schon kostspielig, deshalb folgen nun zwei Verkostungsrunden mit je vier Weinen um die sechs Euro. Der **Sangiovese von Luccarelli** wurde mir von dem Agenturinhaber wärmstens empfohlen, „ein Top-Wein, der, wenn er Donnerstag geliefert wird, Dienstag schon ausverkauft ist". Da stellen sich mir direkt zwei Fragen, warum wird dann nicht mehr geordert, und zweitens, handelt es sich hier vielleicht einfach nur um eine ganz triviale Marketingstrategie. Als alter Hase auf diesem Gebiet fällt einem dass natürlich auf, ist doch klar (zwinker, zwinker). Nach einem gekonnten Blick auf das Rückenetikett wird auch klar, warum hier so getrommelt wird, ist der Wein doch ein Gemeinschaftswerk von F. Baccalaro (wer immer das ist) und eben Jacques´ Wein-Depot. Der Wein an sich ist ordentlich gemacht, für knappe sechs Euro also eigentlich erst mal okay. Dann aber, am Gaumen ist er doch ein untypischer Sangiovese, auch für einen jungen Wein aus dieser Traube. Im Geschmack wirkt er extrem apfellastig und zu spritzig. Für den kommenden Frühling und zur Pasta und Co. leicht gekühlt gut trinkbar, aber die Lobeshymne des Inhabers war doch etwas zu blumig.

Der **Farnese** lässt Ähnliches erwarten, auf dem Rückenetikett finden sich die identischen Informationen und die graphische Gestaltung ist fast identisch. In der Nase ein Anflug von Schwarzkirschen, angenehm fruchtig und gut ausbalanciert, ebenfalls mit guter Struktur, aber nicht so übertrieben säuerlich wie der davor verkostete Sangiovese. Ist also besser geeignet als unproblematischer, gefälliger Begleiter. Passt prima zu alltäglichen Gerichten.

Der **Hardys Captains Shiraz Cabernet Sauvignon** ist ein gefälliger, einladender Wein, aber halt nichts Besonderes. Man merkt das Shiraz den Ton angibt, während der Cabernet geschmacklich eigentlich kaum in Erscheinung tritt, eher als Tanninlieferant. Außerdem ist er mir ein wenig zu, ja schon wieder zu apfelig, also am besten leicht gekühlt als Sommerwein zu genießen.

Fehlt nur noch der letzte im Bunde, der **Rapitala** aus Sizilien wird aus Nero D´avola gewonnen, die, wie ich finde oft sehr eigenständige und kräftige Weine hervorbringt. Aber hier werden wir enttäuscht, viel zu grün und tanninherb, man kommt sich vor als würde man in die Traubenkerne hineinbeißen.

Verkostungsrunde 2 -Weine um die 6 Euro. Wir können zur Aufwärmung den **Primitivo von Vecchia Torre** als eine angenehme Überraschung erklären. Es handelt sich hierbei um eine Kooperative bzw. Genossenschaftskellerei, die sage und schreibe ca. 1 Million Flaschen auf den Markt bringt. Ein schlichtes Wesen zwar, aber fruchtig und frisch im Geschmack, Kirschgeschmack tritt am intensivsten hervor, mittelschwerer Wein, die Tannine unterstützen den Wein gekonnt, er passt gut zu einem einfachen Essen aber auch als Begleiter für gehobenere Speisen kann er dienen. Kann sich sehen lassen, besonders für diesen Preis.

Obwohl ich ungezielt gestöbert habe, und auch Junior mit dabei hatte (auf den meine Freundin natürlich während der Weinauswahl aufgepasst hat) habe ich zufälligerweise noch einen Wein von dieser Kooperative gefunden, einen **Salice Salentino Vecchia Torre**. Während der Primitivo immerhin ein Glas im Gambero Rosso erhält, kann der Salice Salentino sogar mit zwei von drei möglichen Gläsern aufwarten und ist sozusagen das Paradebeispiel der Kellerei. Bei zwei Gläsern wäre ich mir jetzt nicht ganz sicher, ich würde sagen 1,5 Gläser. Er trinkt sich sehr schön, vom Geschmack herrlich weinig mit guter Struktur und Individualität. Ein mittelschwerer Wein der zu 90 % aus Negroamaro gekeltert wurde. Gut ausgewogen und angenehm weich zeigt er im Geschmack, leichte Noten schwarzen Pfeffers oder von Chili. Das fällt mir gerade besonders auf, da wir gestern Zartbitter Schokolade, einmal mit Chili und das andere mal mit Feige-Caramel, als Begleitung zum Wein hatten. Wobei mich diese Schokoladen bisher oft enttäuscht haben, bis auf die mit Chili konnte mich keine wirklich überzeugen.

Der nächste Wein ist nur okay, am besten leicht gekühlt zur Pizza trinken. Der **Primitivo Puglia von Di San Marzano** ist ein unkomplizierter Wein, fruchtig und mittelschwer. Dabei lässt ihn ein unangenehm lieblicher Beigeschmack am Gaumen billig schmecken (wie ein 3 Euro Wein) was zur Abwertung führt.

Ähnlich verhält es sich mit dem **Santo Christo** aus Spanien, okay halt, allerdings ohne den süßlichen Beigeschmack, kann man ihn so wegtrinken, süffig, und das war's dann auch schon, besser gut gekühlt zum Picknick mitnehmen.

Kochkunst und Bordeaux-Weine. Bei Jacques´ Weindepot findet man immer auch schöne Bordeaux-Klassiker, oft sogar trinkreife. Der **Grand-Puy-Ducasse** ist ein samtiger Wein mit Finesse. Sein verführerischer Duft von Kräuteraromen kehrt auch im Geschmack wieder. Bei einem mächtigen, voluminösen Körper zeigt er sich wunderbar weinig und elegant am Gaumen. Es ist einfach eine wahre Freude diesen Wein zu genießen, ein großer Wein für schöne Augenblicke.

Manchmal sind die Tage hier wie Urlaubstage, also in Braunschweig gibt es natürlich weder Meer noch Sand noch Berge, und die Sonne, na ja. Nein, aber es ist sehr ruhig hier, die Luft ist klar und frisch. Außer den Singvögeln hört man nichts, na gut, lästige Nachbarn und deren noch lästigere Kinder gibt es immer, dagegen ist kein Kraut gewachsen. Aber ansonsten kommt dann und wann ein Auto vorbei, und das war es schon, denn diese Straße am Waldesrand benutzen wirklich nur die paar Anwohner die hier leben. Ja und um das mal wieder zu zelebrieren hatte ich mir gedacht, kaufst Du doch mal wieder was Gutes, Fleisch ist mein Gemüse. Ich muss ja schon sagen, nach einer gewissen Zeit als Student und dann als Lange-arbeitend-spät-nach-Hause-Kommender tendiert man zu schnellen Gerichten, nicht wirklich Fast Food, aber schnelle Gerichte wie Pasta und Hähnchenbrust, welche es in der Mensa in allen nahezu erdenklichen Variationen gab. Als normale Version, in der Bombay Ausführung, Gärtnerinnen Art, Cordon Bleu und was weiß ich nicht noch so alles. Da gab es dann sogar eine Trophäe für die beste Mensa, der goldene Kochlöffel. Ich finde ja, sie haben ihn verdient, weil es drei frei wählbare Beilagen gab, also sprich dreimal Pommes. Fleisch ist mein Gemüse, und Ente ist herrlich knackig. So eine Ente ist nicht teuer und kann ruhig aus dem TK-Fach kommen, zartes Fleisch mit einer knusprigen Fettkruste. Es ist natürlich schon ein bisschen eine Sauerei, die ganze Wohnung riecht danach nach Ente, aber wenn man dazu noch einen leckeren Wein reicht, ist der Genuss vollendet.

Zu unserer Ente gibt es einen angemessenen Wein, den **Chateau Lascombes** für 25 Euro. Der aktuell im Handel befindliche Wein ist trinkreif, muss aber erst mal eine Zeit lang atmen. Danach aber besticht dieser Klasse-Bordeaux durch Eleganz und Feinheit. Durch die verführerischen Aromen, die perfekte Balance und Reife, bietet er pures Trinkvergnügen. Wenn Sie aber vor der Wahl stehen, würde ich in der gleichen Preisrange den Chateaux Dauzac oder den Grand-Puy-Ducasse vorziehen, beide sind vielschichtiger und komplexer.

Der **Chateau de Fieuzal** ist auch in jungen Jahren schon ein wirklicher Genuss. Weiche Tannine, die mit der Zeit noch samtiger werden. Er zeigt schon jetzt ein kräftig dunkles Rubinrot im Glas, einen gut strukturierten Körper mit einer guten Portion Alkohol und einer harmonischen Portion Kräutern.

Super-Weine zu Super-Preisen.

Zum Abschluss gibt es zwei Weine mit einem exzellenten Preis-Leistungs-Verhältnis. Der **Grand Marius** ist ein angenehm weiniger Wein mit vollmundigem, kräftigem Körper. Er ist gekennzeichnet von einer fruchtigen, dunklen Tiefe und einer Vielfalt in Duft und Geschmack. Sein üppiger Duft erinnert an Lavendel, Feilchen und Lakritze an roten Früchten. Eine äußerst gelungene Komposition aus Monastrell, Tempranillo, Syrah und Grenache, die zum Kaufen nur so einlädt.

Der **Aranléon** ist wirklich ein imponierender, kraftvoller und alkoholreicher Tropfen, voll gepackt mit Aromen. Die wuchtigen 14,5 % Alkohol werden diese Melange aus Tempranillo, Cabernet Sauvignon und der mir bisher unbekannten Traube Bobal, wohl für uns zu einem der beliebtesten Weine für die kältere Jahreszeit überhaupt machen. Eine unbändige Duftwoge roter und schwarzer Früchten entströmt dem Glas. Das Duftspektrum ist vielfältig und intensiv. Zu Beginn riecht man deutlich schwarz Kirschen und Pflaumen heraus, danach treten Noten von Rosinen und Feigen in Erscheinung. Im Geschmack zeigt sich ein schönes Spiel der Fruchtnoten mit harmonisch aufeinander abgestimmten Komponenten. Er ist ein wirklich komplexer und nuancenreicher Wein, kaum zu bändigen.

Mövenpick here I go again.

91 von 100 Punkten gibt ihm Parker („Erstaunlicher Rotwein, der einen unglaublichen Wert zu diesem Preis darstellt") und in dem berühmten Gambero Rosso erhält er drei Gläser. Mit über 14000 Beurteilungen von Weinen ist der Gambero Rosso schlicht der Einkaufsführer für italienischen Wein, allerdings mit seinen 1000 Gramm Gewicht. nichts für den mobilen Einsatz. Drei Gläser ist die beste Beurteilung im Gambero Rosso und steht für Spitzenweine. Nur der Jahrgang wurde nicht explizit mit den drei Gläsern zusammen genannt, denn mein Roter Krebs (Übersetzung von Gambero Rosso) ist zwar älteren Jahrgangs, aber auch hier sind zwei Jahrgänge dieses Weins bewertet. Der 1999er hat drei Gläser, der 2000er dagegen zwei Gläser erhalten, was aber immer noch „sehr gut" bedeutet. Und die Beschreibung des Weins und des Gutes im Gambero Rosso sind gespickt mit Lobpreisungen.

Also sind wir gespannt. Der **Contado Aglianico Di Majo Norante** verströmt Aromen von reifen Beeren und elegante, zarte Nuancen von Vanille- und Röstaromen. Im Geschmack zeigt sich ein schönes Spiel der Fruchtnoten von rote Beeren und Brombeeren, aber dezent und nicht aufdringlich. Keine Fruchtbombe und kein Schwergewicht, dafür aber ein eleganter Wein der verzücken kann. Abgerundet wird dieser runde Wein durch einen ausgedehnten Nachhall und einen delikaten, feinen Körper. Er erinnert mich vom Gesamteindruck an den Piancarda von Garofoli, nur etwas leichter. Unbedingt kaufen und einen größeren Vorrat anlegen.

Grundehrliche (Grill-)Weine. Weiter geht's mit einem Wein, der nur knapp die Hälfte kostet, **Pagos De Isarpe**, ein Spanier der auf biologischen Anbau setzt. 40 % Tempranillo und jeweils zu ungefähr gleichen Teilen Merlot und Cabernet Sauvignon. Während ich den Contado aufgrund des roten Störers im Handzettel von Mövenpick gekauft habe, wählte ich den Spanier nach der Kombination von Preis und Alkoholgehalt aus. Die 13,5 % Alkohol lassen auf einen körperreichen Wein hoffen, wobei ein hoher Alkoholgehalt nicht zwingenderweise einen körperreichen Wein bedingt. Würzig in der Nase, mittlerer Körper, Kirschgeschmack. Er ist einfach aber nicht banal, und für einen guten Preis zu haben. Passt hervorragend zu Grillgerichten, Pasta und Co.

Den **Viejo Marchante** aus der Tempranillo Traube wie auch den Sierramonte würde ich qualitativ unterhalb vom Pagos de Isarpe anordnen. Einwandfrei, aber uninteressant in der Nase und am Gaumen. Klassische Pasta Weine, okay für diesen Preis.

Gespannt bin ich ja auf den **Panarroz,** der knappe sechs Euro kostet und 90 von 100 Parker-Punkten erhalten hat (Anmerkung von Parker: „Don´t miss it"). Laut Mövenpick ist er „ein großartiger Alltagswein, der selbst Kenner verblüfft und von dem Sie unbedingt einige Flaschen im Keller haben sollten…bezaubert durch eine unglaubliche Aromenvielfalt, Finesse und Eleganz." Bei solchen Lobpreisungen und direkten Kaufaufforderungen und obendrauf noch der Hinweis auf die limited edition, bin ich ja immer erst mal skeptisch. Und wenn dieser Wein dann auf der Rück-Umschlagseite Seite des aktuellen Katalogs, einer sehr aufmerksamkeitsstarken und kostspieligen Seite, als „der Geheimtipp aus Spanien" angepriesen wird, gehen bei mir sämtliche Alarmglocken an. In der Broschüre, die mir gerade ins Haus flattert, wird er unter „Glanzvolle Rotweinerlebnisse" aufgeführt, der Geheimtipp allerdings, der ist er nun nach einigen Wochen gar nicht mehr. Dort lese ich „Panarroz – das Wunder von Jumilla! Galt dieser Wein … noch vor zwei Jahren als absoluter Geheimtipp, so wurde der Jahrgang 2004 von Robert Parker…." Aha, also ist der Geheimtipp schon etwas her. Die Beschreibung von Mövenpick erspare ich mir hier in ihrer Gänze fortzuführen. Ich sage mal so, der Panarroz ist ein gut gemachter Wein für einen tollen Preis, mit weichen Tanninen, bei einem mittleren Körper hat er eine schöne Aromenvielfalt zu bieten. Als erstes erkennt man Noten von reifer, roter Frucht, und danach kann man den Duft von Cassis und auch Brombeeren wahrnehmen. Bei Wacholder und Nelken würde ich jetzt nicht unbedingt zustimmen, aber es ist ein guter Alltagswein. Dieses Erlebnis steht für mich ein bisschen im Widerspruch zu der Überschrift im Flyer „glanzvolle Rotweinerlebnisse".

Einen weiteren Wein aus diesem „Grill-Flyer" habe ich noch. Thymian und Trüffel im Geschmack werden angepriesen. Der **Castel del Monte Vigna Pedale von Torrevento** ist ein sortenreiner Wein aus Nero di Troia gekeltert. Mövenpick ködert mit zwei Gläsern im

102

Gambero Rosso (allerdings ohne Jahresangabe) und einem Angebotspreis von sieben Euro. Normalerweise kostet er acht Euro und damit ist er auch schon zu teuer für das was er bietet, bzw. was er eher vermissen lässt. Denn von Thymian oder Trüffel ist hier keine Spur, beides liebe ich ja. Trüffel ist unbedingt frisch, als ganze Knolle zu kaufen, das Öl ist irgendwie strange und bietet keinen Vergleich zu frisch geraspeltem Trüffel auf Tagliatelle mit Olivenöl. Unbedingt zu vermeiden gilt es Trüffel im Einmachgläschen zu kaufen, die kommen an die frischen Trüffel in keinster Weise geschmacklich heran. Der Vigna Pedal soll noch leicht gekühlt gut zu „feinen Grilladen" passen, das Wort Grilladen wahr mir bisher fremd, aber man lernt ja ständig dazu. Alles in allem Anlass genug, ein gewisses Maß an gesunder Skepsis an den Tag zu legen. Die ist auch angebracht, also sechs Euro würde ich ausgeben, aber nicht acht Euro. Dennoch ist der Vigna Pedale ein eigenständiger Roter, angenehm weinig, fruchtig und mit einer guten Prise roter Beeren in der Nase und am Gaumen versehen. Die angesprochene Eleganz wird lediglich angedeutet.

Immer wenn ich einen Weinladen betrete, denke ich darüber nach, selber Einen zu eröffnen. Der Standort ist hierbei elementar wichtig. Und solche Standortfragen kommen mir gerade bei der korrekten Bestimmung des Platzes für den Sandkasten für Junior. Unter dem Baum im Garten ist zwar Schatten, aber da rieselt so einiges runter, nicht nur vom Baum, im Freien scheint die Sonne zu stark. Na ja, nach einigem hin und her, kommt doch nur der Platz im Freien in Frage, dann kaufe ich gegen die Sonne halt noch einen Sonnenschirm, was soll's. Und bei Sonne denke ich wieder ans Grillen. Da schließt sich der Kreis wieder.

Lieblingsweine. In eben dieser aktuellen Mövenpick Broschüre ist der folgende Wein als „ausgezeichneter Grillbegleiter" aufgeführt. Warum jetzt der **Rosso Piceno von Saladini Pilastri** laut Mövenpick nur ein ausgezeichneter Grillbegleiter und nicht mehr, das gilt es für mich herauszufinden. Also was sagt denn Beschreibung von Mövenpick „Top Qualität zu fairen Preisen und biodynamischer Anbau". Robert Parker gibt diesem Wein 89 Punkte, also ein Punkt weniger wie dem Panarroz, dieser eine Punkt kann ja wohl kaum den

Unterschied zwischen einem Grillbegleiter und einem glanzvollen Erlebnis ausmachen. Laut Parker ist es „ein fruchtiger von Kräutern tangierter Weinwert mit wundervoller Tiefe, samtiger Textur und würzigem Charakter". Zu diesem Wein gibt es eine Fülle von „Fremdbeurteilungen". Der Gambero Rosso urteilt wie folgt: „Zuverlässig in seiner fruchtigen Ausdrucksweise…", welcher ihm zwar nur ein Glas verleiht, aber das ist somit immerhin eins von dreien und ein guter Wein, denn die Weine ohne Gläser gibt es ja auch noch.

Bilden wir uns doch unsere eigene Meinung. In diese Cuvée aus Sangiovese und Montepulciano erkennt man als erstes den würzigen Duft sowie Noten von reifer Erdbeere und danach kann man den Duft dunkler Kirschen wahrnehmen. Würzig, weinig und mit herrlicher Frucht ist dieser Wein für gerade mal sechs Euro ein Wein den man mit viel Genuss trinkt. Der Rosso Piceno von Saladini Pilastri ist ein ausgewogener Wein mit kräftiger Struktur und Charakter. Mit dieser Top Preis-Genuss-Kombination ist er einfach einer meiner Lieblingsweine bei Mövenpick, von dem ich bei jedem Einkauf ein bis zwei Flaschen mitnehme.

Es gibt zwei **Rosso Piceno von Pilastri,** der andere lagert noch 12 Monate im Eichenfass und kommt aus einer besonderen Lage, kostet dafür aber auch schon wieder ungefähr neun Euro. Und eben diesen Wein mit dem Zusatz Parnaso verkoste ich jetzt mal. Ebenfalls eine Cuvée aus Montepulciano- und Sangiovese-Trauben. Also uns gefiel der zu sechs Euro ehrlich gesagt besser, dieser hier ist auch körperreich mit fruchtigen Kirschnoten im Aroma, aber die Tannine sind noch zu adstringierend. Irgendwie finden sich auch noch leichte, unangebrachte Sherryanklänge im Geschmack.

Bei Mövenpick steht im Kassenbereich ein kleines Tischdisplay mit Schokolade, also die Versuchung für die Erwachsenen. Natürlich handelt es hierbei um exquisite Schokoladenkreationen, wobei der Preis auch ausgefallen ist, 70 Gramm für knappe drei Euro, das ist schon nicht ohne. Gut, dafür sind es besondere Werke von einer der bekanntesten Schokoladen Manufakturen: Zotter, die über 150 verschiedene Schokoladenkreationen im Sortiment führen. „Grüner Veltiner + Langpfeffer" habe ich mir ausgesucht, ich dachte da ist doch eine direkte Verbindung zum Wein gegeben. Die Schokolade ist schon fein, aber die besondere Geschmacksvariante lässt sich doch nur sehr vage herausschmecken. Der Preis hierfür ist unseres Erachtens einfach nicht angemessen, denn wir haben nun schon so einige Geschmackssorten verkostet, und keine hat uns wirklich überzeugt, auch nicht die mit Himalaya-Salz. Weihnachten hatten wir eine besondere Weihnachtskreation, und die hat wie ein trockener Früchtekuchen geschmeckt.

Weinbücher Teil 2.

Einige der Weinbücher sollte man sich einfach schenken lassen, so auch „Wilder Wein" von S. Pigott. Gefällt mir nicht so wirklich, denn es ist eher ein Reisetagebuch, irgendwie ohne roten Faden und Geschichten die nicht so wirklich interessieren, mich auf jeden Fall. Mir gefällt hier auch die Sprache nicht, einfach zu viel zu jugendlich und gewollt cool, passt einfach nicht zu dem Alter von Pigott. Witzig hingegen war das kurze Kapitel über die Weinverkostung, bei der Pigott klar macht, wie überteuert die ersten Güter des Bordeaux sind! Als Taschenbuch kann man sich dieses Werk aber durchaus mal zulegen.

Kriminalromane. Ein weiteres Werk von P. Grote ist „Rioja für den Matador". Na ja, fängt ein bisschen schleppend an, er wird aber im Laufe des Romans besser und ist somit erneut, wie die anderen Bücher von Grote, ein schöner Schmökerroman zum entspannen und Wein trinken. Leichtes, umkompliziertes Lesevergnügen.
Anfangs war ich bei „Hotel Pastis" von P. Mayle skeptisch, denn die letzen beiden Romane waren eher mäßig. Aber dieses Buch ist wirklich wunderschön, blumig geschrieben, ein feiner Hauch von Kriminalistik, so ist es gut. Ein idealer Roman zum entspannen und tagträumen. Vorsicht gefährlich: weckt Reiselust.
Gar nicht gefallen hat mir „Weinleichen", diverse Autoren mit short stories versuchen ihr Bestes zu geben, hier kommt einfach keine Spannung auf, und kaum steckt man drin ist man schon wieder draußen.
Besser geeignet zum Abschalten ist da schon „Tod in Bordeaux" von P. Grote. Ein Wein-Kriminalrom, der wie auch schon „Rioja für den Matador" von der einfach gestrickteren Art ist. Es geht um gefälschten Bordeaux, eine Story die nicht gerade einfallsreich ist, die wir schon in anderen Wein-Büchern gelesen haben. Solche Fälschungen und Etikettenschwindel mit großen Weinen sind in der Realität durchaus öfter zu finden, als man denkt. Gerade die Tage habe ich einen Artikel über gefälschten Chianti gelesen, und die irgendwann mal aufgetauchte Flasche mit den angeblichen Insignien von T. Jefferson, ist auch so eine Geschichte für sich. Von der

Spannung her ist dieser Kriminalroman eher behäbig, allerdings wird die Handlung herrlich in die Landschafts- und Weinbeschreibungen integriert, so dass ich dieses Buch mehr als Reisetagebuch lese und Fernweh bekomme, denn als Krimi.

„Bitterer Chianti" von P. Grote ist spannender, die Story ist verwobener und rätselhafter als bei „Tod in Bordeaux". Erneut exzellent in die Landschaft eingebundene Handlung, ein Buch so richtig zum schmökern. Und mit „Verschwörung beim Heurigen" habe ich auch das aktuellste Buch von Grote gelesen. Schönes Schmökerbuch, aber keine Hochspannung, ähnlich wie „Rioja für den Matador".

Ein weniger gutes Basisbuch aber gute Weine.

Hat man einmal ein gutes Basisbuch, dann ist man eigentlich nur noch auf das Suche nach etwas Besonderem. Meine Basis-Weinbücher sind die von Johnson, Parker und Domine, alles dicke Wälzer und sehr umfangreich. Dennoch habe ich noch mal bei einem Basisbuch zugeschlagen, ich meine bei 10 Euro geht das auch. „Wine Basics" von GU. Nach meiner Beurteilung ist dies wirklich ein Buch für den absoluten Anfänger, sehr knapp gehalten sind die Kapitel über Trauben und Regionen, wobei die verschiedenen Themen wirklich nur angerissen werden. Persönlich gefallen mir die Models im Buch nicht, der Eine hat einen Bart wie der Sänger von Metallica, ich finde dass passt einfach nicht. Eine von den Frauen ist mir zu blass und der Typ hat auf einem Bild ein Button-down Hemd ohne Krawatte an, das geht einfach nicht. Rudi (es gibt nur einen) hat den gleichen Fehler gemacht während unser Klinsi unter dem Hemd mit Kent Kragen ein T-Shirt mit Rundkragen trägt, das geht auch nicht. Hier muss doch die Fashion-Police eingreifen.

Anyway, zurück zu diesem Buch. Für meinen Geschmack versucht der Autor viel zu gezwungen an manchen Stellen witzig zu sein, wenn er z.B. Weinfehler mit einem Watson und Sherlock Holmes Dialog durchführt und die Unisex Variante „Sommel" einführt. Aber gute Sachen sind halt auch dabei, so die Kapitel über Weinzubereitung und Einkaufsstätten. Der Autor teilt meine Ansicht, dass man im Discounter lieber keine Weine kaufen sollte, viele Weine im sonstigen Handel nicht wirklich das wert sind was sie kosten, Wein-Depot Verkäufer oft am Wochenende ihre Ersatzleute am Start haben, und ein ungelernter Griff im Wein-Dschungel fatale Folgen haben kann. Also viele Übereinstimmungen, über die ich schmunzeln kann. Dass die deutschen Haushalte dennoch jede zweite Flasche Wein im Discounter kaufen, ist erschreckend. Für 10 Euro kann man sich „Wine Basics" getrost kaufen. Ja, noch ein Gutes hatte dieses Buch, einer Bordeaux Empfehlung des Autors bin ich direkt gefolgt und habe den **Chateau du Grand Moueys** eingekauft. Vor uns im Glas befindet sich bei Leibe keine Enttäuschung. Dieser tiefrote Wein ist anfangs noch etwas verhalten, doch schon nach kurzer Zeit duftet er nach Backpflaume und Lakritz, neben den üblichen Noten von roten Beeren und Cassis. Der Körper ist etwas mehr als mittelschwer, angenehm weich und ausgewogen. Samtig umschmeichelt der Geschmack von Backpflaumen und Lakritz den Gaumen. Von der Komplexität und Körperfülle unter dem Chateau Potensac einzuordnen (der dafür auch doppelt so viel kostet), aber ein gelungener Bordeaux der schon Spaß macht.

Wo wir gerade beim Thema sind, mache ich doch direkt weiter mit einem Wein aus Bordeaux. Den **Chateau Haut Batailley** habe ich bei Karstadt gesehen, aber in der Normandie in einem ganz normalen Supermarkt für 16 Euro gekauft. Die Franzosen haben wirklich ein unglaublich umfangreiches Angebot an super Weinen in ihren Supermärkten. Wirklich empfehlenswert, ein Wein mit Tiefe und einem üppigen Duft von schwarzen Kirschen und Brombeeren, ein kraftvoller Tropfen. Der Wein ist jetzt schon trinkreif, kann aber auch noch lagern.

Empfehlenswertes zum Abschluss. Ein wirklich empfehlenswertes Büchlein für den, der gerne einfach ein bisschen über Wein schmökert, oder auf der Suche nach Passion und heiteren Kommentaren ist, der wird fündig in der Reihe „kleine Philosophie der Passionen". Hier ist auch ein Buch, eher ein kleiner Erlebnisbericht (ein Taschenbuch mit etwas über 100 Seiten) der mit Leidenschaft und einer Prise Humor Wein zum Thema hat. Sehr gelungen, wirklich. Auch der Autor empfiehlt den Chateau Potensac, hat aber im Gegensatz zu mir einen beachtlichen Weinkeller, da kann ich mit meiner Kiste Bordeaux Weinen nicht mithalten. Einziges

Manko, das Buch ist wohl doch etwas älter, er hätte DM durch Euro austauschen sollen.

Als wir das letzte Mal in die Normandie gefahren sind haben wir ja schon die eine oder andere Köstlichkeit heimgebracht. Foie gras, Feigenmarmelade mit Walnüssen, Brioche und herrlichen Wein. Natürlich kommen auch immer wieder skurille Dinge vor. Als ich Michael abholen wollte, musste ich erst mal das Haus suchen, da er des Öfteren umzieht. Und diesmal fand ich doch glatt die Hausnummer 3 nicht, 1 und 4 und 5 alles da, wo es hingehört, nur wo war die 3. Auf meine Frage in einer gegenüberliegenden Bäckerei wurde mir geantwortet, ja also die 3, nein, das wüssten sie jetzt auch nicht. Wen ich denn suchen würde, sie würden ja beide schon lange hier wohnen. Nachdem ich diesen Leuten doch glatt den Namen verriet, konnten sie damit auch nichts anfangen. Also blieb mir nichts anderes übrig, als der Sache selber auf den Grund zu gehen. Und siehe da, nach einiger Suchzeit, bei der Hausnummer 1, einem fetten Hochhaus entpuppte sich ein unscheinbarer Durchgang als Eingangsmöglichkeit für die Hausnummer 3, natürlich fehlte von einem Hinweisschild jegliche Spur. Na ja, auf jeden Fall ging es danach ohne Komplikationen direkt ins gelobte Land.

Carsten Sebastian Henn schreibt nicht nur diese herrlichen Wein-Kriminalromane und mit „Henkers Tropfen" auch Kurzgeschichten, sondern hat noch weitere Bücher im Angebot. So zum Beispiel „Henns Lustige Weinschule" in welcher er so seine Ansichten zu den unterschiedlichsten Themen in Bezug Wein zum Besten gibt. Ein wirklich amüsantes Buch, zum Schmunzeln und Lachen, man kann doch gar nicht anders wenn man folgendes liest „Opus One- Das berühmteste Jointventure der Weinwelt… Der Keller des Weinguts ist sehr schön. Eine architektonische Glanzleistung. Damit hat man sich viel Mühe gegeben. Der Wein verkauft sich gut." Finde ich originell, denn dieser sündhaft teure Wein (über 200 Euro) wird mit keinem Wort erwähnt. Oder folgendes zu den berühmtesten Weinliedern: „Sieben Fässer Wein (von Roland Kaiser) – Zu diesem Lied dürfen Sie gerne mitsingen. Es ist im Übrigen auch die Antwort auf die gern gestellte Frage „ Was würden Sie mit auf eine einsame Insel nehmen?" Oder im Restaurant auf „Kann ich Ihnen noch etwas bringen?" Bei einer Aufräumaktion fällt eine alte Ausgabe von „alles über Wein" in die Hände, in welcher C. Henn bei einer Verkostung gezeigt wird. Nebenbei wird in dieser Ausgabe eine Liste von Bordeaux-Spitzenweinen dargestellt, mit Weinen die man lieber nicht kaufen sollte, da sie kein Lagerungspotential mehr aufweisen, sprich, wahrscheinlich schon umgekippt sind. Okay, dann kaufe ich halt keinen 81er Mouton-Rothschild und keinen 79er Latour, der kostete übrigens im November 2003 nur 125 Euro, zzgl. Versandkosten versteht sich.

Karstadt - Nach der Umgestaltung.

Tragisch, tragisch, was habe ich immer gerne bei Karstadt in der Weinabteilung gestöbert und eingekauft. Jetzt heißt die Lebensmittelabteilung, nach langem Umbau, Feinkost-blablabla. Im Klartext bedeutet das, das Sortiment wurde übergreifend gestrafft. Vorher war es dort kuschelig, man konnte herumstöbern, die Auswahl war extrem mannigfaltig, es standen 120 Euro Weine im Regal. Und nu, viele der höherpreisigen Weine, d.h. ab 25 Euro, inklusive der meisten exklusiveren „Neue Welt Weine" sind verschwunden, die Übriggebliebenen lustlos in einer Vitrine platziert, hinter Schloss und Riegel. Nicht dass ich diese Weine Kistenweise aus dem Laden herausgeschleppt hätte, aber die Weinabteilung hatte ein anderes Flair, gemütlicher, einladender. Man kann auch die Super-Toskaner nicht mehr einfach anfassen und versuchen zu ergründen, ob man diesen Wein kaufen soll oder nicht. Man kann keine Verbindung mehr herstellen. Die USA ist jetzt im Regal gleich zu setzen mit Fetzer und der letzte argentinische Wein wurde unter Chile eingeordnet, ein Skandal für jeden Weinfreund. Geistiger Vater dieser Veränderung war wohl die ebenfalls neu designte Wein-Abteilung im Alsterhaus in Hamburg, die jetzt nobel, edel und schön anzusehen ist, aber eine puritanische Strenge und Ordnung verströmt, die einfach nicht zu so etwas Leidenschaftlichem wie Wein passt. Selbstverständlich bestehen Unterschiede zwischen den Städten. Nicht nur die Mieten sind in Hamburg teurer, oft auch Weine. Ein ausgesuchter Mouton Rothschild kostete in Hamburg z.B. 419 Euro, während er bei Karstadt in Braunschweig schon zu spotbilligen 399 Euro zu haben war. Warum dann aber das Benzin im Ruhrgebiet günstiger ist als in Braunschweig verstehe wer will. Mal in die hohle Tüte gesprochen, unternimmt man einen Ausflug von Hamburg nach Braunschweig und besucht die sehenswürdigen Sehenswürdigkeiten, kauft dann noch drei Flaschen dieses besagten Weins ein, so hat man das Spritgeld wieder raus.

Karstadt hat immer noch viele Bordeaux-Weine.

So zum Beispiel der ausgezeichnete Chateau Poujeaux. Ich trinke ihn nach fünf Jahren ab Abfüllung, er kann auch noch lagern, da dieser dunkelrubinrote Bordeaux noch etwas adstringierend ist. Ansonsten verdient er die Aufstufung vom Cru Bourgeois zum Grand Cru Classé, keine Zweifel. Die 1844 verabschiedete Klassifizierung der Bordeaux-Weine wurde nur einmal verändert und ist schon länger nicht mehr zeitgemäß. Die Bezeichnung Cru Bourgeois erscheint auch gar nicht auf dem Etikett, so dass man ihn zunächst eh für einen Grand Cru Classé hält, obwohl dass wiederum aus Marketingsicht auf dem Etikett zu lesen wäre. Auf jeden Fall zeigt dieser großartige Wein ein intensives Bukett mit würziger Frucht von schwarzen Johannisbeeren bei einem vollen, ausgewogenen Körper.

Der **Chateau Citran** ist ein typischer Bordeaux, obwohl er einem japanischen Syndikat gehört, der mittleren Kategorie. Mit 17 Euro auch nicht gerade ein Schnäppchen, das sind immerhin 34 Mark. Und damit zähle ich zu den über 70 % der deutschen Bevölkerung, die bei vielen Gelegenheiten noch in D-Mark umrechnen. Dieser Cru Bourgeois ist trinkreif und samtig mit einer schönen beerigen Frucht im Mund. Er weist eine mittlere Konstitution auf, sowie ein komplexes, kräuterreiches Bukett das dem Glas entströmt. Die Jahrgänge vor 1986 sollte man von Chateau Citran meiden, merkt der Wein-Papst Parker an. Klar, die älteren Jahrgänge sind hier ja auch so oft anzutreffen, und dann auch bezahlbar, da haben wir also keine Probleme auf Jahrgänge vor 1986 zu verzichten, denke ich.

Begeistert war ich auch von dem **Chateau La Connelle**, ein finessenreicher Grand Vin. Ausdrucksvoller Geschmack, weiche Tannine, geeignet für einen gemütlichen Abend, und zudem mehrere Tage in der Flasche nach Anbruch haltbar, aber eigentlich wird er schon am ersten Abend geleert.

Es muss nicht der echte Kaviar sein, meine Empfehlung ist der Seehasenrogen. Die kleinen Eiererchen knacken nicht ganz so fein auf der Zunge, und er ist eine Spur weniger salziger als der Echte, dafür aber um ein Vielfaches günstiger. Mit Sardinen und Oliven zusammen kann man ihn super unter Spagetti Frutti del Mare mischen. Der hellorange Kaviar von den Lachsen ist größer und ebenso schmackhaft. Also bei uns gibt es jetzt erst mal Bouillabaisse zum Dinner, ohne Fischfond und Fischköpfe allerdings, haben wir vergessen einzukaufen. Und zu dieser Fischsuppe, die wir gleich kreieren werden, muss schon ein Weißer her, und da ich ja auch mal gerne was anderes als Chablis und Chardonnay ausprobiere, gibt es einen **weißen** Bordeaux.

Der weiße **Chateau Latour Martillac**, von dem ich schon den Roten des Öfteren mit Vergnügen getrunken habe, steht vor uns auf dem Tisch. Da er von 24 auf 15 Euro herabgesetzt war und ich noch keinen weißen Bordeaux verkostet hatte, musste ich einfach zuschlagen. Und die Investition hat sich auch gelohnt, mein erster weißer Bordeaux imponiert mir sehr. Zunächst fällt die gold-gelb schillernde Farbe auf, elegant schon jetzt, dann setzt sich das mineralische Bukett auch im Geschmack fort. Ein ausgeglichener Wein mit sanfter Säure und sehr schöner Frucht im Hintergrund. Er schmeckt leicht nach Pfirsichen und ist doch wuchtig, seine 13 % Alkohol spiegeln sich im vollmundigen, samtigen Körper wieder. Gleich gibt es diesen Wein wieder zur Fischsuppe, i freu mi.

Was ich bei Karstadt noch gefunden habe, ist der neue Jahrgang vom **Chateau Potensac**, wie gesagt, ich kann es Ihnen nur ans Herz legen, wenn Sie diesen Wein sehen, müssen Sie unbedingt mehr als nur eine Flasche zu kaufen. Ich habe zugeschlagen und fünf gekauft, für einen Preis von knapp über 20 Euro ist dieser Wein einfach genial, da kann man nischt anderes sagen.

Den Großteil meiner Happydigits habe ich online eingelöst, und da ich weder ein Dampfbügeleisen, noch irgendwelches Glas-Nippes oder sonstige Küchenwaren gebrauchen konnte, kam mir das Wein-Angebot mit der Option des Hinzuzahlens gerade recht. Drei Flaschen vom **Chateau Tour Saint Paul**, ein Bordeaux Superior, über den ich im Johnson leider nichts fand. Kirschen, Vanille und rote Beeren in der Nase, das ist schon mal ganz gut. Mittelschwerer Körper, weiche Tannine die aber keinen wirklich großen Wein unterstützen, eher zurückhaltend am Gaumen. Sicherlich mehr als ein Pizza-Wein, den kann man schon für einen besseren Anlass zur Hand nehmen, aber hier wird kein Feuerwerk entzündet. Mit ca. 12 Euro ist er damit geringfügig zu teuer im Vergleich zu den anderen Bordeaux-Weinen in dieser Preisklasse die bei Karstadt erhältlich sind.

Nicht online, sondern offline erstanden habe ich den **Chateau Siaurac**, ein Grand Vin de Bordeaux, der sich zunächst noch sträubt der Nase seine mit Vanille unterlegten Aromen roter und schwarzer Beeren preiszugeben. Nach kurzer Zeit allerdings kommt auch der elegante und mittelkräftig bis kräftige Körper dann besser zum Ausdruck. Diesen 18 Euro teuren, und mit 13,5 % Alkohol ausgestatteten Wein ordnet R. Parker in die besseren Weine des Pomerol ein. Ich fand ihn dann doch etwas überteuert.

Dafür habe ich auch diesmal wieder in der Normandie ein paar Bordeaux-Weine eingekauft, die auch bei Karstadt erhältlich sind. Den schon einmal **verkosteten Zweitwein von Lagrange, den Les Fiefs de Lagrange,** habe ich für knappe 12 Euro erstanden, ein wahres Schnäppchen also. Da man sich ja beschränken muss, sonst hätten wir den ganzen Supermarkt Auchan leer gekauft, habe ich diesmal nur noch einen weiteren Wein, ein Zweitwein eines absoluten Spitzengutes importiert. Der **Chateau Bahans Haut-Brion** hat mit 25 Euro auch seinen Preis, aber hier in Deutschland kann man noch mal 20 Euro drauf legen. Da er erst noch etwas lagern muss kann ich hierzu leider noch keine Beurteilung abgeben, freue mich aber schon auf die Verkostung.

Weine für den alltäglichen Gebrauch.
Da ich immer und überall auf der Suche nach trinkbaren, günstigen Alltagsweinen bin, greife ich auch des Öfteren ins Klo. Der **Castillo Estables** aus Spanien, für vier Euro, ist so ein Klo-Kandidat. Wuii, der Wein haut einen vom Schlitten, dünn und Tannine, so grün und heftig, als würde man in den Stiel der Rebe hineinbeißen, ach was sag ich, eher in den knorrigen Weinstock. Bloß nicht kaufen.

Der **Peter Lehmann Wildcard Shiraz** mit mächtigen 14,5 % Alkohol ist ein kuschelweiches Plüschhäschen, also ein Massenwein ohne Ecken und Kanten. Was nicht bedeutet, dass er schlecht ist, man kann damit in einer geselligen Runde nichts wirklich falsch machen, aber auch keinen Blumentopf gewinnen.

Natürlich findet man auch gute, günstigere Weine, man muss nur viel probieren und dann entdeckt man auch wirklich tolle Weine wie den **La Cuvée Mythique** oder den **Col di Sasso.** La Cuvée Mythique aus dem Languedoc, aus dieser Region habe ich schon ewig keinen mehr verkostet, und das Etikett hatte mich schon lange gereizt. Eine stilisierte Eule auf orange-erdfarbenem Hintergrund. Die Aromenvielfalt ist enorm, und alle Aromen sind klar voneinander zu unterscheiden. Im Geruch wurden Noten von Gewürzen und

Zartbitterschokolade deutlich. Dieser charaktervolle Wein hat Volumen und Kraft und ist durchaus fruchtig. Für uns auf jeden Fall einer unserer Favoriten schlechthin, ein Top-Wein.

Der Col di Sasso ist jeder Hinsicht angenehm zu trinken. Ein grundehrlicher, fruchtiger Wein zu einem mehr als erschwinglichen Preis.

Nicht ganz so gewichtig, aber sauber und korrekt ist der einzige Chilene den ich in diesem Durchgang erstanden habe, der **Marques casa concha.**

Oh du süßer Port.

Bei den Portweinen befinden sich neben den Klassikern von Sandeman, Taylors und Niepoort auch verschiedene Portweine von Rozés. Der Port von **Rozés** war mir bisher noch kein Begriff, muss ich zugeben. Ein Teil eines Weihnachtsgeschenks von meinem Normandie Mitstreiter kann aber nur gut sein, denn unsere Trash-boxes, die ich irgendwann mal eingeführt habe um mir nicht alleine Schrott-DVDs anzuschauen, müssen immer einen guten Wein enthalten, der Rest kann, muss aber nicht Müll oder Schrott sein.

Allerdings finde ich den einfachen Rozés eine Spur zu süß, aber dennoch sehr, sehr schmackhaft. Sein besonderer Duft von Dörrpflaumen und leichten Noten von Rosinen kehrt im Geschmack wieder. Ein Gefühl des Wohlbehagens und der Wärme breitet sich aus und ist auch irgendwie ein Vorbote des Winters.

Karstadt und die Super-Toskaner.

Luce, was für ein klangvoller Name. Die Super-Toskaner, so werden ein paar schweineteure Weine betitelt, von Erzeugern die in der Weinherstellung neue Wege beschritten haben. Das man auch hier eine gewisse Skepsis an den Tag legen sollte, was das Preis-Leistungs-Verhältnis betrifft, führte mir eine Bewertung in einer Weinzeitschrift erneut deutlich vor Augen. Unter der Überschrift „Die große Enttäuschung" wurde der aktuelle Jahrgang des Solaia von Antinori bewertet. Dieser über 100 Euro teure Spitzenwein kam nur knapp über die Mittelmäßigkeit hinaus.

Genug der Worte, steigen wir doch nun direkt in die Praxis ein, der **Luce** ist eine italo-amerikanische Kreation, die aus dem Joint

Venture von Frescobaldi und der kalifornischen Super-Winery Mondavi hervorgegangen ist. Aber leider ist dieser Super-Toskaner für den Preis eher eine Enttäuschung. 25 Euro hätte ich maximal dafür investiert, gekostet hat er mich schlappe 75 Euro, wooooaaa. Zugegebenermaßen hat der Luce ein betörendes Bukett, das Glas steht neben meinem Bett und herrliche Aromen wehen zu mir rüber, dunkle Beeren, Schokolade und Walnüsse. Aber vom Bukett alleine kann man doch auch nicht leben, denn im Geschmack findet sich diese Aromenvielfalt leider nicht wieder. Der Körper ist okay, mittelkräftig aber irgendwie charakterlos, ein bisschen pelzig. Na ja wie soll ich es sagen, irgendwie zieht dieser Wein keinen Hering vom Teller. In einem Buch über Weine der Toskana lese ich:"...der Luce ist eine kräftige, samtige Assemblage aus Sangiovese und Merlot". Assemblage ist ja auch ein schönes Wort, aber Assemblage hin oder her, er wird seinem Preis in keinster Weise gerecht. Ist das nun Blasphemie, ich glaube nicht.

Der Luce also konnte weder überzeugen noch beeindrucken. Aber letztens habe ich bei Karstadt eine zehnfache Magnum gesehen, das war nun wirklich beeindruckend. In der Fachsprache heißt eine Flasche dieser Größe Nebukadnezar. Im Berufsleben sind folglich viele Nebukadnezars unterwegs. Die Ähnlichkeit dieser imposanten Flasche, jetzt im positiven Sinne, mit dem Schiff aus dem Film Matrix ist nicht zu übersehen, dunkel und mannshoch thront sie auf einem Podest. Die Bezeichnungen für Flaschen die über die Doppel-Magnum hinausgehen, entstammen Königen. Nebukadnezar war vermutlich ein babylonischer König, der wahnsinnig wurde und Gras fraß. Ja meine lieben Freunde, wenn man die Familie bei einer Feier überraschen möchte, oder die Dame des Herzens beeindrucken will, bringt man schon mal eine schöne Flasche Wein mit, oder? Diese hier kostet so ungefähr 1600 Euro, vielleicht kann man da ja noch verhandeln.

Bei den Super-Toskanern gehe ich weiter auf Expedition, kaufe noch einen zweiten Wein dieser Gruppierung und investiere eine gewisse Summe in der Hoffnung einen dieser so hoch gelobten Weine zu erwischen. Damit habe ich dann zwei von 15 der berühmtesten Super-Toskanern unter meinen Verkostungsnotizen. An dem **Tignanello** bin ich schon öfter wie ein Tiger vorbeigestreift, habe das Objekt der Begierde immer wieder umkreist und bin dann doch abgezogen, weil er einfach tierisch teuer ist, bis zu diesem Zeitpunkt. Der Name Antinori hat eine lange Tradition in Italiens Weinwelt, und ein breites Sortiment, vom einfachen Wein bis zum Super-Toskaner. Der Tignanello rangiert preislich noch über dem Luce. Dieser außergewöhnliche Wein harmonisiert mit einer besonderen Stimmung. Die Wolkendecke bricht nur ab und zu auf und dann kann man fasziniert anschauen wie schnell die Wolken vorbeiziehen, ein Sturm kommt auf und die mächtige Tanne in meinem Garten biegt sich als Gespielen des Windes. Es ist eine herrliche Luft die mich immer wieder an das Meer erinnert, nicht an die salzige, würzige Normandie, aber an Texel oder Sylt. Sangiovese und Cabernet Sauvignon gehen eine zauberhafte Verbindung ein und schaffen einen wahrhaft herrlicher Wein, ebenso mystisch wie dieser Sturm. Das Bukett ist geheimnisvoll mineralisch und duftet nach Kieselsteinen am Strand der Normandie, oder nach einem klarem Gebirgsfluss irgendwo in den Tiefen der Bergen, umrahmt von immer grünen Wegen an den verhalten Johannisbeeren oder wilde Früchte wachsen. Ein wundervoller, gehaltvoller und samtiger Körper. Auch wenn dieser Wein im Barrique ausgebaut ist, so hat er keinen aufdringlichen Vanille-Ton oder Röstaromen, er schmeckt einfach unwiderstehlich, vollmundig mit einem lang anhaltenden Abgang. Vollkommen. Das einzige, kleine Problemchen ist halt sein Preis.

Zu bedeutenden Weinnamen und Weinfamilien habe ich ein Weinbuch im modernen Antiquariat erstanden, welches die Geschichten umfangreich und anschaulich erzählt. Dazu nennt der Autor des Buches „Wein" aus dem Sigloch Verlag, nicht zu verwechseln mit dem pompösen Werk von Dominé mit dem gleichen Namen, noch Besichtigungszeiten und ein paar informative Daten des Gutes selber. Ganz nett zu lesen, aber nicht unbedingt ein Muss, eher eine Kann Lektüre.

Weniger berühmte Regionen. Nach so einem Erlebnis ist es wahrlich schwierig „normale" Weine folgen zu lassen, aber so einen Tignanello gönnt man sich ja auch nicht alle Tage. Mal schauen, was haben wir denn noch so in Petto. Ein Wein aus dem Cahors, aus dieser Region kommen in der Regel tiefschwarze, tanninreiche Weine. Und in dieser Richtung würde ich auch den **Impernal Cahors** beschreiben, allerdings etwas zu tanninherb. Er hat durchaus Körper und taugt auch als Alleinunterhalter, aber dieses gerbstoffreiche Geschmackserlebnis hinterlässt diesen typisch pelzigen Geschmack im Mund, so dass der allgemeine Eindruck eher in die grasige Richtung abdriftet. Er ist einfach zu hart, man kann fast drauf kauen, wie auf Sauerampfer.

Es lohnt sich immer auch die Regionen zu erkunden, die nicht ganz so populär wie Bordeaux oder Rioja sind. Die nächsten drei Weine kommen allesamt aus Frankreich. Der **Domaine des Estacades** aus der Region Fitou weist ein unscheinbares Etikett auf, auch sein Preis ist eher unauffällig. Zwei Gründe also diesen Wein einfach mal in den Einkaufskorb zu legen. **Chateau La Bastide** wie auch der **Bastide de Garille** stammen aus der Region Cabardes, im Languedoc. Beide Weine bestehen aus einer unheimlichen Traubenvielfalt. Neben Cabernet Sauvignon, Merlot und Syrah ist auch noch Grenache Bestandteil. Die Weine dieser Gruppe präsentieren sich allesamt mit einem verschlossenen Duft. Im Mund wird eine mittlere Struktur deutlich. Es sind keine wirklich anspruchsvollen Weine, aber fruchtig, gefällig und anständig. Der Bastide de Garille gefiel mir noch am besten, denn er hatte am meisten so etwas wie einen Charakter mit einem schönen weinigen Geschmack.

Und bekannte Regionen.
Seit langem stand mal wieder einen Barolo auf meiner Liste, davon habe ich ja noch nicht so wirklich viele verkostet, weil diese in der Regle einfach zu teuer sind. Der **Barolo Ascheri** kostet auch seine 24 Euro. Wenigstens erhält man bei diesem Barolo einiges für sein Geld, ein ausgezeichneter Wein, hat auch zwei Gläser im Gambero Rosso erhalten. Im Mund fühlt sich der Ascheri ungeheuer konzentriert, verlockend weinig und füllig an, aber mit 24 Euro nicht gerade günstig. Als Wein für besondere Anlässe ist der Barolo von Ascheri bestens geeignet.

Ebenfalls bei Karstadt erhältlich sind die Weine von 120 Santa Rita, von denen ja eine ganze Produktpalette existiert. Bisher habe ich diese Weine in Braunschweigs Fachhandel gekauft und auch in dem entsprechenden Kapitel bewertet, aber den **120 Santa Rita aus der Carmenere Traube,** einer alten Bordeaux Traube, verkostet ich einfach mal an dieser Stelle. Die Traubensorte verleiht diesem Wein einen eigenen Charakter, also durchaus empfehlenswert, und mit 14 % Alkohol kann man sich hier schon einen gemütlichen Abend machen. Lädt zum Kaufen ein.

Günstige gute Weine?

Laut den Genießertipps von Natalie Lumpp in ihrem Buch „Wein – was sonst?! „beginnt eine annehmbare Qualität bei ungefähr vier bis fünf Euro". So weit so gut. „Annehmbar" ist ein dehnbarer Begriff, konkrete Beispiele werden leider im Buch nicht genannt, und wie wir wissen, muss man sich hier durch eine enorme Masse an Weinen durchkosten, bis man einen findet, den man auch wirklich guten Gewissens Gästen anbieten kann. Das Buch ist informativ, aber eher für den Einsteiger gedacht, es soll zwar Genießertipps liefern, macht aber irgendwie wenig Lust auf Wein. Mir persönlich gefällt das Layout nicht, die Zeichnungen passen eher in die Brigitte und die Typologie ist mir zu diffus.

Wenn bei Lumpp also annehmbare Qualität bei ca. 5 Euro anfängt, ist in anderen Büchern widerrum die Rede von 10 Euro. In einer Weinzeitschrift lese ich gerade von Rotweinen bis 8 Euro. Weil angeblich die Schmerzgrenze für eine Flasche Wein früher bei 15 DM lag, also umgerechnet 8 Euro. Wer hat also (mehr) Recht, oder gar keiner?

Ich möchte diese pauschalen Antworten und die Diskussion um günstige Weine konkretisieren, und drei Unterkategorien in der Preisklasse bis 10 Euro bilden. 1) Kleiner gleich sechs Euro, 2) bis acht Euro und 3) bis 10 Euro.

Nahezu alle der verkosteten Weine unter sechs Euro sind einfache Weine die zur Pasta und zum Picknick passen, auch leicht gekühlt, aber das war's dann auch. Annehmbar sind sie, durchaus, will ich aber Weine trinken, die mir auch noch schmecken, so finden sich unter der Gesamtheit der verkosteten Weine nur sechs Weine kleiner gleich sechs Euro mit zwei Sternchen, wovon vier von Mövenpick stammen. Aber immerhin auch drei exzellente Weine mit drei Sternchen sind in dieser Preisklasse zu finden. Man kann also nicht sagen, alle Weine unter sechs Euro taugen nichts. Pauschalisierungen helfen keinem. Finger weg allerdings von den meisten Weinen der Discounter (bis auf ein paar Ausnahmen), die kann man höchstens auf einer Feier auf den Tisch stellen, wenn man möchte dass die Gäste bestimmt nicht wieder kommen.

Bordeaux und Chianti sind auch bis 8 Euro zu haben, allerdings meist in ihrer Basisversion. Das reicht, um sich in diese Gebiete einzutrinken, aber Spaß schmeckt in der Regel anders. Es ist und bleibt ein Roulette-Spiel und auf Dauer auch ein kostspieliges Abenteuer, gespickt mit Enttäuschungen. Die Beschreibungen in diversen Broschüren, Handzetteln und Katalogen sind teilweise dermaßen übertrieben, wobei sich diese Art von Lobpreisungen nur für wirklich gute und charaktervolle Weine eignet. Aber es gibt auch ein paar Ausnahmen, nicht viele, wirklich überdurchschnittlicher Weine mit besonderem Charakter.

Eine gewisse Summe, um die 10 Euro, muss man schon investieren, um Weine mit eigenem Charakter und erhöhtem Genussfaktor zu bekommen. Diese gibt es primär im Fachhandel. Mövenpick und Jacques´ Weindepot bieten überregional ein umfangreiches und vielseitiges Sortiment an. Selbstverständlich finden sich auch solche Weine bei Karstadt, oder im Supermarkt, aber in weitaus geringerer Anzahl. Des Weiteren entfällt hier die Möglichkeit die Weine zu verkosten, was die Ausschussquote weiter ansteigen lässt.

Jetzt widme ich mich auf jeden Fall erst mal wieder meinem Weinstock, der den Winter irgendwie nicht ohne Schaden überstanden hat. Die Trauben wollen nicht so wirklich kommen, und in der Gärtnerei meines Vertrauens konnte man mir auch nicht weiterhelfen, die waren dort ebenso ratlos. Letztes Jahr hatte ich schon einen Ernteausfall zu verzeichnen. Ich war zur Lese bereit, doch von einem auf den anderen Tag waren alle Trauben verschwunden. Ich denke ja schon, dass es natürliche Feinde waren, also Vögel oder Rehe. Obwohl unsere Nachbarn über uns, die uns viel zu oft entweder mit der modernen Saxophon Jazz Interpretation oder mit Panflötengedudel nerven, haben auch ein Kleinkind. So eine richtige Nervensäge, vielleicht haben dem ja auch die Trauben geschmeckt, wer weiß das schon.

Wie dem auch sei, es gibt noch viele Abenteuer in dem Wein-Dschungel zu erleben. Also auf ein Neues und …

Viel Spaß beim Verkosten! – Ihr Peter Longueville

peterlongueville@yahoo.de

Anhang

Die Preise sind jeweils auf- bzw. abgerundet. Das Bewertungssystem ist folgendermaßen aufgebaut:

- In den Abfluss (würg)

* Okay (sauber gemacht, nichts Besonderes; Pastawein)

** Gut (schon lecker, mit Körper und Struktur)

*** Sehr gut (überdurchschnittlich mit besonderem Charakter)

**** Yummy (grandios)

Name / Hersteller	ca. in Euro	Note	Beschreibung
Jaques´ Weindepot			
Aranleón	7,00	***	Unbändige Duftwoge, auch im Geschmack sehr komplex, kraftvoll und rund
Bleasdale	10,00	**	Gehaltvoller Wein, harmonisch und weich, aber etwas einfallslos
Bourgogne, Pinot Noir	7,00	*	Sauber gemachter Alltagswein, einfacher Wein für einfaches Essen
Castell Firminan	6,00	*	Mittelkräftig, Waldfruchtbukett, weiche Tannine, ausdruckslos, Alltagswein
Cercius	7,00	*	Ein leichter, etwas dünner Wein mit wenig Frucht und zu viel Säure
Chateau Dauzac	27,00	***	Einfach genial, endlich mal wieder ein guter Bordeaux

122

Chateau D´issan	22,00	***	Ein schöner typischer Crand Cru Classe Bordeaux aus dem Mittelfeld
Chateau De Fieuzal	30,00	***	Dunkel, Körper, Alkohol und Kräuter sind harmonisch verwoben
Chateau Doisy-Vedrines	30,00	****	Einfach göttliches Ambrosia dieser Sauternes
Chateau Grand-Puy Ducasse	26,00	****	Absolut trinkreif, elegant, wuchtig, kräuterduftig, sanft und edel, typischer guter Bordeaux
Chateau Lascombes	26,00	***	Toller Bordeaux, typischer Charakter, Gesamteindruck aber unterhalb vom Ch. Dauzac
Chateau Laville Bertrou	9,00	*	Okay, sauber, gut gemachter Wein,nichts besonderes, ohne Ecken und Kanten
Chateau Rochemorin	15,00	**	Gut, körperreich mir Struktur,angenehme Tannine
Chateau Saint Auriol	7,00	*	Okay, sauber, gut, aber nichts besonderes, einfacher Wein für einfaches Essen
Chateaux de Varrains	8,00	*	Aromenarmut, flach, einfacher aber charakterloser Wein
Diego de Almagro	8,00	*	Grundehrlicher Begleiter, Körper und Frucht sind okay, noch etwas grün
Diego de Almagro Gran Reserva	8,00	***	Elegant, harmonisch, weiche Tannine, schön gereifter Tempranillo
Domaine Coudorlet	10,00	*	Okay, gute Struktur und Körper, schöne Frucht, guter Begleiter
Farnese Sangiovese	6,00	*	Gut, fruchtig mit Körper, einfach und unkompliziert, schöner Pizza und Alltagswein

Farnito, Carpineto	22,00	**	Kräutriges Bordeaux-Cabernet Bukett, mittlerer bis voller Körper, aber zu teuer
Finca el Diamante	7,00	***	Körperreich und Kraftvoll, weich, angenehmer Würz- und Lavendelgeruch
Frank Potts	19,00	***	Samtig und vollmundig, harmonisch und einfach ein herrlicher Körper
Grand Marius	7,00	***	Vollumundig, weich, ausgewogen, fruchtig-würzig
Hardys Cab. Sauv. / Shiraz	7,00	*	Charakterloser aber sauberer Begleiter zum Essen
Hardys Captains Shiraz / Cab. Sauv.	6,00	*	Okay, gefälliger Alltagswein, fruchtig, aber nichts Besonderes
La Carreia	6,00	*	Duft von Brombeeren und Heidelbeeren, mittelgewichtig und schön weinig
Laurens River Valley	18,00	**	Überteurert, elegant samtig aber Apfel Note zu stark im Vordergrund, zu spritzig
Le Bocce Chianti Classico, Farina	10,00	*	Typischer junger Chianti, etwas teuer
Le Bocce Rosso Toscano, Farina	12,00	**	Noch etwas tanninherb aber schön fruchtig und gehaltvoll
Les hautes Terres Dámbre	10,00	*	Okay, gute Struktur und Körper, schöne Frucht, guter Begleiter
Luccarelli Sangiovese	6,00	*	Am Gaumen untypisch, für Sangiovese extrem apfellastig, junger, guter Pastawein
Luis Felipe Edwards	8,00	**	Mittlerer bis voller Körper, schönes Bukett sehr gutes Preis Leistungs Verhältnis

124

Maglieri Mc Laren Vale Cab. Sauv.	10,00	**	Mittlerer bis voller Körper, Bananenbukett, sehr gutes Preis Leistungs Verhältnis
Maglieri Mc Laren Vale Shiraz	10,00	*	Sauber gemacht, aber nichts besonderes, einfacher Wein für einfaches Essen
Messidoro, Lazio Rosso	8,00	***	Herrlich weinig, schöner Körper, gute Frucht, rosinig-pflaumig, gutes Preis-Leistungs
Montes Alpha Cabernet Sauvignon	16,00	**	Schönes Bukett und mittlerer bis voller Körper, aber Genever Geschmack viel zu intensiv
Montes Alpha Syrah	16,00	**	Gut gemacht aber mehr nicht, zu leicht und dafür zu teuer
Montes Curico Cab. Sauv.	7,00	*	Okay, sauber, gut, aber nichts besonderes, einfacher Wein für einfaches Essen
Montes Cab. Sauv. / Carmenere	9,00	**	Sehr gut, intensiv und dunkel, fruchtig, voluminös, beerig, mit viel Körper und Alkohol
Penfolds Private Bin Cab. Shiraz	8,00	*	Charakterlos, könnte auch ein Gallo sein, kuschelweich
Penfolds Bin 389	30,00	***	Duftspektrum ist vielfältig und intensiv, kraftvoll würziger Wein, Elegant
Pirrammimma	13,00	**	Vollmundig, rund und sanft, lakritzig, aber auch nicht billig
Primitivo Puglia, Di San Marzano	5,00	*	Okay, fruchtig, mittelschwer, unangenehm süßlicher Geschmack, Pizzawein, gekühlt
Primitivo Salento, Vecchia Torre	6,00	*	gut, fruchtig und frischer Geschmack, mittelschwerer
Quinta Roaz	6,00	*	Okay, sauberer einfacher wein ohne große Höhen oder Tiefen, guter Begleiter

Rapitala Nero D´avola	6,00	-	forget it, zu grün und tanninherb, kein eigenständiger Geschmack
Reynella Shiraz	21,00	**	Schlechtes Preis Leistungs Verhältnis, lieber den Maglieri kaufen
Rocbere, Chateaux de Montepzat	8,00	*	Okay, sauber, gut gemachter Wein,nichts besonderes, ohne Ecken und Kanten
Salbanello Paladin Cab Sauv. / Malbec	6,00	*	Okay, einfacher Wein fürs Sommerpicknick
Salice Salentino, Vecchia Torre	5,00	**	Mittlerer Körper mit Charakter, schön weinig, fruchtig und würzig
Santo Christo Campo de Borja	5,00	*	Okay, kein Charakter, kann man so wegtrinken, gekühlt zum Picknick mitnehmen.
Tatachilla Cab.Sauvignon / Sihiraz	9,00	*	Intensiver Apfel Granny Smith Geschmack, Bukett verhalten, etwas hart
Tatachilla Cabernet Sauvignon	18,00	***	Bordeaux like, körperreicher Wein, Vanille und Röstaromen
Torreon de Parades Cab. Sauv	7,00	**	Mittlerer Körper, angenehm fruchtig, macht Spaß
Vinalcasta, "a"	10,00	*	Dezentes schoko- dörrpflaumen Bukett, gut zum Essen, mittlelgewichtig

Karstadt

Alauda Rosso d. Motepulciano	10,00	*	Okay, sauberer einfacher Wein ohne große Höhen oder Tiefen, Begleiter, aber zu teuer
Badia a Passignano, Antinori	43,00	****	Yummy, hervorragend, intensives Bukett, imposant, füllig und samtige Harmonie
Barolo Ascheri	24,00	***	Körperreich, ausgewogen, Weinig und fein, mit zartem Bukett

Bastide de Garille	6,00	**	Gefälliger, einfacher Wein mit Charakter und schöner, weiniger Frucht
Behringer	23,00	***	Kräftiger Körper, komplexes Bukett, aber ein kuschelweiches Plüschhäschen
Bollinger	30,00	****	Sehr gut, schön moussierend, harmonische Säure, frisch und prickelnd, 007
Brunello di Montalicino	40,00	*	Okay, mehr nicht, zu teuer, lieber einen der 16 Euro Chiantis kaufen
Cabarena Marche C. Ripani	11,00	**	Körperreich und wuchtig, ausgewogen und weiche Tannine, ein feiner Wein
Camiglino Rosso di Montalcino	16,00	**	Charaktervoll, aber noch zu jung, muß sich noch entwickeln, guter Essensbegleiter
Castillo Estables	4,00	-	Ogott ogott, bloß nicht kaufen, zieht einem die Schuhe aus, schlaff, matt und dünn
Chateau Citran	17,00	***	Typischer Bordeaux, ausdrucksstark, samtig und beerige Frucht, körperreich
Chateau Clos Du Marquis	30,00	***	Verlockender, feiner Bordeaux, aber nicht yummy, lieber den Chateau Potensac kaufen
Chateau Dauzac	39,00	***	Yummy, ungeheuer konzentriert, einfach ein geiler Wein, aber teuer
Chateau Du Grand Moueys	13,00	***	Mittelschwer bis schwer, typischer Bordeaux, Aromen von Backpflaume und Lakritz

Chateau La Bastide	6,00	*	Im Duft verschlossen, im Mund eine mittlere Struktur, gefällig und anständig.
Chateau La Connelle	10,00	**	Ausdrucksvoller Wein, dunkel, kräftig, weiche Tannine, würzig
Chateau Latour 1991	200,00	****	Mega yummy, phänomenal, Inbegriff eines vollendeten, majestätischen Bordeaux
Chateau Latour Carnet	25,00	***	Schöner, runder, typischer Bordeaux, mit ausbalanciertem Körper und Charakter
Chateau Latour Martillac	25,00	***	Rote Früchte und Kräutergeschmack, mittelschwerer Wein mit Eleganz und Finesse
Chateau Latour Martillac, weiß	24,00	***	yummy, mmh, voll, rund, mineralisch, erdig, samtig, edel
Chateau Leoville Barton	55,00	****	Unbedingt kaufen, grandioser Wein, samtig und elegant, ungeheuer opulent
Chateau Mouton Rothschild 1991	200,00	***	Majestätisch, keine Frage, aber nicht umwerfend, zu flach, zu schwach
Chateau Passama	5,00	*	Ordentlich gemacht, grundehrlicher Wein, einladender Wein
Chateau Pey La Tour	7,00	**	Runder Bordeaux mit Vanille, nicht zu teuer, aber etwas zu weich
Chateau Pey La Tour Reserve	12,00	***	Weicher, Merlot-geprägter Bordeaux mit Vanille- und Ledernoten
Chateau Potensac	25,00	****	Yummy, Genuss und Vergnügen garantiert, ausgewogen und rund, herrlicher Bordeaux

Chateau Poujeaux	22,00	****	Ausgezeichnet, voller Körper, würzige Frucht von Cassis, tiefes rubin-purpurot
Chateau Cantemerle	25,00	***	Begeisternder Bordeaux mit Körper und Charakter, guten Tanninen und Würze
Chateau Haut Bateilley	16,00	***	Üppiges, komplexes Bukett, voller Körper, ein eingenstängier Charakter
Clos de los Siete M. Rollannd	15,00	****	Yummy, wuchtig, dunkelrot, intensiver Kräuter- und Schokoladeduft, kraftvoller Charakter
Col di Sasso	8,00	**	Hervorragender Begleiter zum Essen, fruchtig, weinig, aber ohne Tiefgang
Condado de Haza	16,00	***	Fruchtiger, dunkelroter Wein, der sich sehen lassen kann, kräftig und von fester Struktur
Dazante Frescobaldi & Mondavi	9,00	**	Fruchtig, mit Granny Smith Aromen, bei mittlerem Körper
Domaine de l´Amandier	5,00	*	Gefälliger, einfacher Wein mit Charakter und schöner Frucht
Domaine des Estacades	6,00	*	Im Duft verschlossen, im Mund eine mittlere Struktur, gefällig und anständig.
Errazuriz Cabernt Sauvignon	10,00	**	Weicher, anständiger Cabernet mit sehr intensiver roter Johannisbeere
Errazuriz Chardonnay	10,00	**	Sauber gemacht, mit Struktur und Körper, Noten von Grapefruit, Papaya und Birne
Finca Sobreno	9,00	-	Jesus, forget it, pelzig und zu viel Säure, bei nicht existentem Bukett
Gallo Cabernet Sauvignon	5,00	*	Ohne Ecken und Kanten, man kann nichst falsch machen, aber charakterloser Massenwein

Gallo Turning Leaf	7,00	*	Etwas ausdrucksstärker als der einfache Gallo, dennoch charakterloser Massenwein
Hospices de Beaune	33,00	-	Würg, der ist umgekippt, hoffentlich
Impernal Cahors	10,00	**	Durchaus mit Charakter, aber einfach zu tanninbetont, ein Pelzmantel auf der Zunge
Kanonkop Paul Sauer	25,00	****	Grandioser Geschmack, erfreut die Nase mit roten Beeren und Schokolade, samtig
Kanonkop Pinotage	25,00	****	Yummy, noch herrlicher als der Paul Sauer, üppige rote Beeren an süßen Bananen
Krug, Grande Cuvee	129,00	****	Yummy, Yummy, majestätisch, vollendet, phänomenal
La Cuvee Mythique	10,00	***	Gewürznoten und Zartbitterschokolade, charaktervoller Wein mit Volumen und Kraft
Lands End Sauvignon Blanc	11,00	***	Eleganter Duft und Geschmack, feine Säure, komplexe Frucht
Les Granges de Rothschild	10,00	**	Kräftiger Wein, dicht und würzig im Geschmack, Vanille vom Fass und weiche Tannine
Les Fiefs de Lagrange	25,00	****	Gut strukturiert und ein feiner Wein mit Finesse, aber der Les Fort de Latour ist kräftiger
Les Forts de Latour	42,00	****	Körperreicher, nach roten Früchten, Cassis und Kräutern duftend, aber etwas teuer

Les Tourelles de Longueville	27,00	****	Gehaltvoller, harmonischer, großer Wein eines Super-Chateau zu einem Superpreis
Le Volte Oreltaia SPA Bogheri	15,00	***	Samtig und würzig, leicht süßlich am Gaumen, voller und warmer Körper
Lodola Nuevo Ruffino	14,00	*	Sauberer, einfacher Wein ohne große Höhen oder Tiefen, als Begleiter zu teuer
Los Vascos, Cab. Sauv.	10,00	**	Sicherheitsdenken gewinnt, ohne Ecken und Charakter, man kann nichst falsch machen
Los Vascos, Chardonnnay	10,00	**	Sicherheitsdenken gewinnt, ohne Ecken und Charakter, man kann nichst falsch machen
Louis Roederer	35,00	****	Yummy, emfp.weich, voll, angenehme Säure schön moussierend, etwas zu teuer
Luce	75,00	**	Okay, mehr nicht, betörendes Bukett, aber den Genuss gibt es "schon" für 25 Euro
Marques casa concha	14,00	*	Nicht ganz so gewichtig, aber sauber und korrekt, dafür allerdings zu teuer
Marques de Riscal	15,00	*	Haut mich nicht vom Schlitten, gut gemachter, einfacher Wein für Pasta-Gerichte
Masi von Campo Fiorin	10,00	*	Okay, nichts besonderes, sauber, Begleiter zum Essen
Micante Capalbio A153E. Gepetti	10,00	**	Fruchtig und mit Körper, alkoholreich aber dennoch nicht banal
Modus Ruffino	40,00	-	Heiliger Bimbam, meine einzige Hoffnung ist, das er nur oxidiert ist

Moet & Chandon Champagner	35,00	**	Verläßlicher Champagner ohne geschmacklichen Höhepunkt, der blaue Pommery ist besser
Moet & Chandon Dom Perignon	109,00	****	Majestätisch, göttlich, einfach ein Erlebnis, gehaltvollvol, köperreich, sinnlich und mehr
Mondavi Pinot Noir	31,00	****	yummy, elegant, fragiler Körper, fruchtig, einfach yummy und elegeant aber teuer
Montes Alpa Cab Sauvignon	16,00	**	Komplexes Bukett und mittlerer bis voller Körper, aber Genever Geschmack viel zu intensiv
Paternina Rioja	15,00	**	Sehr gut, elegant gereifter Rioja, mildes Bukett und Körper, dezente Säure mittlerer Körper
Paternina Banda Azul Rioja	7,00	*	Alltagswein, geeignet als charakterloser aber sauberer Begleiter zum Essen
Peperino Teruzzi & Puthod	12,00		Sehr gut, schöner Körper, eigenständiger Wein
Peppoli Antinori Chinati Class.	16,00		Sehr gut, sicherer Qualitätschianti, harmonisch, fruchtig, eher ein eleganter alter Chianti
Peter Lehmann Wildcard Shiraz	8,00	**	Okay, ausgeglichener, mittlerer Körper, aber zu weich, ein "ich möchte nicht anecken Wein"
Poggio Bonelli Chianti Class.	16,00		Sehr gut, sicherer Qualitätschianti, harmonisch, fruchtig, eher ein eleganter alter Chianti

Pommery Champagner	23,00	***	Perfekt moussierend, harmonische Säure, frisch und prickelnd, elegant und fein
Pommery, Louise	89,00	***	Imposanter Champagner, aber kein Vergleich zum Dom P., der normal Pommery tut es auch
Pouilly Fume, La Tuillerie (weiß)	11,00	***	Anmutig, weich und samtig, mit schön fruchtig spritziger Note
Promis	23,00	**	Sehr gut, Körperreich und Charakter, yummy, aber lieber die günstigeren 16 € Chiantis
Raymond Cabernet Sauvignon	23,00	***	yummy, wie Bordeaux
Rozés Reserve Port	10,00	**	Gut, gutes Preis-Leistungs-V., angenehm
Ruffino Reserva Ducale Chianti Class.	16,00	**	Sicherer Qualitätschianti, harmonisch, fruchtig, ausgewogener als ein junger Chianti
Rust en Vrede	31,00	**	Anmutig zwar, aber nichts Besonderes, lieber die Kanonkoop-Weine nehmen
Sancerre Domaine les grandes groux	13,00	**	Stilvoller, weicher Sancerre mit einer schönen Afpelnote, aber doch etwas teuer
Taittinger Champagner	30,00	***	Herrlich, lang anhaltend moussierend, harmonische, frisch und prickelnd, Apfelnote
Tignanello Antinori	75,00	****	Majestätisch, geheimnisvoll, mineralisch, gehaltvoll, eleganter, komplexer Körper
Veuve Cliquot Le grande dame	99,00	***	Kein Vergleich zum Dom Perignon, viel zu säurebetont, zu schwach moussierend

Villa Antinori	14,00	**	Grundehrlicher Wein, Qualitätsgarantie, ohne große Höhen oder Tiefen, optimaler Begleiter
Weinbaudomäne Marienthal	7,00	*	Gut, schöner Begleiter zum Essen, mit Charakter, aber ohne Tiefgang, sehr leicht
Chateau Tour Saint Paul	13,00	**	Kirschen, Vanille und rote Beeren, mittelschwerer Körper, weiche Tannine
Chateau Siaurac	18,00	**	Cassis, Brombeeren und Kräuter, mittelschwerer Körper, feiner Bordeaux

Mövenpick

A Mano Primitivo Fusione	7,00	**	Gute Struktur und mittlerer Körper, schöne Frucht, sehr guter Begleiter
Calheiros Cruz colheita douro	9,00	*	Weiche Tannine, aber zu dünn, keine Power, akzeptabler Begleiter für einfache Speisen
Carpe Diem Domaine Murmirium	14,00	**	Noch etwas verschlossen, sollte noch lagern, schöne beerenfrucht, aber zu teuer
Chateau d´Oupia	6,00	***	Bukett verhalten, dafür aber körperreich, kraftvoll und würzig, ausgewogen
Chateau De la Negly - La Falaise	15,00	**	Gehaltvoll, schöner Kirsch-Sahne Geschmack, zu wenig Leistung für den Preis
Compostelle Mas Neuf	11,00	**	Bukett verschlossen, aber im Geschmack angenehm weich und fruchtig, schön beerig
Contado Aglianico Di Majo Norante	9,00	****	Zarte Vanille- und Röstaromen, weich am Gaumen, ausgereifte Tannine, elegant

134

Crianza Orvalaiz	6,00	*	Okay, mittlerer Körper, frisch, Tannine und Säure spritzig, als Begleiter geeignet
Di Majo Norante Sangiovese	6,00	*	Okay, sauber gemachter Begleiter, fairer Preis, verhaltener Gesamteindruck
Errazuriz Cab. Sauv	10,00	**	Sauber gemacht, Struktur und Körper, intensives Beerenaroma
Errazuriz Cab. Sauv. Reservado	15,00	****	Intensive Aromen von roten Früchten, Lakritz und Vanille, ausgewogenen und kraftvoll
Errazuriz Chardonnay	10,00	**	Gut, Weich, elegant, vielfruchtig, gut gemachter Wein aber dieses gewisse Etwas fehlt
Errazuriz Rojo	8,00	**	Sauber gemacht, Struktur und Körper, intensives Beerenaroma, gutes Preis-Leistung Ver.
Fetzer Cab. Sauv.	7,00	*	Stromlinienförmiger weicher Plüschhase der nicht auffallen will
Fine Ruby Port Quinta do Noval	10,00	***	Ausgezeichneter Port mit Genuss, raffinierte Süße, sanftmütig
Flor Muscat de Riversaltes	18,00	***	Yummy, betörendes und filigranes Bukett, fließt wie zartes Gold die Kehle hinunter
La Laure Cuvee Emmauell	5,00	**	Sauber gemacht, Struktur und Körper, sogar mit eigenem Charakter
Laderas de el Seque Alicante	6,00	-	Zu verschlossen, der Alkohol tritt stark in der Vordergrund, Tannine zu ruppig
Le Cascavel	8,00	*	Okay, Struktur und Körper sind vorhanden, aber verschlossenes Bukett, grasig und pelzig

Les hauts de forca real	15,00	***	Wuchtig und intensiv, weich, fruchtig und vanillig
Little James	7,00	**	Mttlerer Körper, guter Begleiter zum Picknick, kein Alleinunterhalter, frisch und jung
Lorinon Reserva Rioja Breton	11,00	**	Alles was ein schöner Rioja braucht, Körper und Frucht, auch für anspruchsvollere Zungen
Merlot - Henry Fessy	5,00	*	Einfacher Alltagswein ohne Beanstandungen, neutraler Begleiter zum Essen
Pagos de Isarpe	4,00	**	Würzig, mittlerer Körper, Kirschgeschmack, einfach aber nicht banal, Preis-Leistung
Panarroz Jumilla	6,00	**	Korrekter Wein mit mittlererem Körper, beerig, aber kein Highlight
Perrin - Cotes du Ventoux	6,00	*	Einfacher Alltagswein ohne Beanstandungen, neutraler Begleiter zum Essen
Peter Schandl Merlot	11,00	**	Vanilliges Bukett, angenehm prickelde Säure, sehr fruchtig, stilvoll und nicht aufdringlich
Pozuelo reserva bodegas castano	7,00	*	Feine Säure und Tannine, mittelschwer, aber durchaus mit Struktur, angenehm
Robert Weil Riesling	9,00	**	Gut Feine Säure, Citrusfrüchte mit Anklang von Pfirsich, frischfruchtig und elegant
Rosso Piceno Monteprandone	14,00	***	Yummy, intensiv, dunkel, herrlich vollmundig, kräftig, ein Korb voller Beeren
Rosso Piceno Parnaso Saladini Pilastri	9,00	**	Körperreich mit Kirschnoten, Tannine sind kantig, leichte Sherryanklänge

Rosso Piceno Saladini Pilastri	6,00	***	Eigenständig mit kleinen Ecken, würzig-kräuterig, herrlich weinig
Sierramonte	3,00	*	Fruchtiger, einfacher Wein, gekühlt trinken zu einfachen Gerichten
Torrevento Castel del Monte Vigna Pedale	8,00	**	Weinig, fruchtig, rote Beeren am Gaumen, mit Charakter
Viejo Marchante Tempranillo **real**	5,00	**	Ehrlich, schön beerig, aber ohne viel Charakter, ein klassischer Pasta Wein
Amarone della Valpolicella, Delibori	13,00	***	Exotische Kombination vieler Früchte mit einemSchuß Alkohol, kräftig und mächtig
Casillero del Diablo, Concha Y Toro	7,00	**	Mittelkräftiger Cabernet mit Charakter, intensive rote Johannisbeere
Chianti Classico, Melini	9,00	*	Okay, Bukett schwach aber ein typischer Chianti mit Struktur
Chianti Classico, Piccini	7,00	-	Das Bukett - wo ist es, Körper mager und ausdrucklos
Chianti Classico, Terralunga	4,00	*	Naja, okay als Picknick Wein, dünn, einfach und nichtsaussagend, harte Tannine
Corvo	6,00	*	Sauberer und einfacher Wein, klassischer Pasta- und Pizzawein
Espiritu de Chile	4,00	*	Ein gefälliger und einfacher Wein mit wenig Struktur, lässt sich leicht und problemlos trinken
Faustino Rioja VII	6,00	*	Grundehrlicher, fruchtiger Rioja, schlank und gut gekühlt im Sommer ein Genuss

Gallo Cabernet Sauvignon	5,00	*	Ohne Ecken und Kanten, man kann nichst falsch machen, aber charakterloser Massenwein
Gallo Turning Leaf	7,00	*	Etwas ausdrucksstärker als der einfache Gallo, dennoch charakterloser Massenwein
Golden Kaan Pinotage	5,00	*	Massen- und Millionenwein, zu dünn, keine Frucht oder Körper, aber trinkbar
Jacobs Creek	5,00	-	Lieber nicht, nur geeignet sauberer Begleiter zum Essen, ausdruckslos
Les Granges de Rothschild	10,00	**	Kräftiger Wein, dicht und würzig im Geschmack, Vanille vom Fass und weiche Tannine
Lindemann Bin 50	5,00	-	Oje, dünn und charakterlos, zu viel Weichspüler, ist das noch Wein?
Nederburg Cab. Sauv.	7,00	*	Okay, Bukett kann man vergessen, aber Körper Okay und etwas Charakter
Nederburg, Pinotage	5,00	-	Forget it, zu dünn, zu viel Tannine, schmeckt nach feuchtem Holz
Paternina Banda Azul Rioja	7,00	*	Nur als Alltagswein geeignet, einfach aber charakterlos
Paternina Rioja Reserva	10,00	*	Alltagswein ja, ehrlicher Begleiter zum Essen, mehr nicht
Pommery Champagner	25,00	***	yummy, schön moussierend, harmonische Säure, frisch und prickelnd, Apfelnote
Santa Christina, Antinori	7,00	*	Dennoch nur geeignet als charakterloser aber sauberer Begleiter zum Essen

Sunrise, Concha Y Toro - Chardonnay	5,00	*	Schöne Nase und am Gaumen Zitrus-/Tropenfrüchte, mittlerer Körper
Surnrise, Concha Y Toro - Cabernet	5,00	*	Sauberer, einfacher Wein, sehr weiche Tannine, rote Früchte
Surnrise, Concha Y Toro - Merlot	5,00	*	Grundehrlicher Wein, einfach und fruchtig, allerdings charakterlos
Tertre du Moulin	10,00	*	Angenehme rote Früchte und im Bukett, mittelschwer und gefällig
Torres Coronas	7,00	*	Okay, schwaches Kirschbukett aber wenigstens ein bisschen eigenständigen Charakter
Villa Orsini	4,00	*	Naja, okay als Picknick Wein, dünn, einfach und nichtsaussagend, harte Tannine
Vino Nobile di Montep. ,Torre d. Grazie	13,00	*	Okay, schönes Bukett nach Kakao, aber bei mittlerem Körper zu schwach und säurebetont

Fachhandel BS - citypoint

Baron de Cruzaro	8,00	*	Nichstaussagender Wein, nur als Begleiter geeignet
di Lenardo, Ronco Nole	10,00		Okay bis Sehr gut, schwaches rote Beeren Bukett, mittlerer Körper, eher leicht
Fabelhaft	10,00	***	Sehr gut, kräftig weinig, eigenständiger Charakter, auch für besseres Essen

139

Los Cardos	14,00	***	Ein Fest für die Nase, Apel-Zimt-Milchreis, rote Früchte, körperreich, vanillig-weich
Noval Tawny, Portwein	12,00	***	herrlich, weinig, samtig, elegant, Alkohol dezent im Hintergrund
Quinta de la Rosa, Portwein	16,00	****	grandios, Oberliga, noch besser als Noval
Santa Rita 120 Cab. Sauv.	7,00	**	Grundehrlicher Wein, fruchtig, ausgewogen, aber zu wenig Eigenständigkeit
Santa Rita 120 Carmenere	7,00	**	Gut, weich, ohne Ecken u. Kanten, aber durchaus eigenständig
Santa Rita 120 Chardonnay	11,00	**	Sehr gut, samtig, leicht fruchtig und elegant
Santa Rita Medalla Real	13,00	****	Vielseitiges Bukett, fruchtiger Körper mit subtiler Schönheit
Santa Rita Reserva	10,00	****	Intensiv nach Cassis und Holunder duftend, vollmundig, harmonisch und samtig
Sartori Regolo	11,00	****	Yummy, Körper, Charakter, Farbe, Intensität, alles was ein perfekter Wein braucht
Tenuta Palese, Salento	7,00	***	Sehr gut, kräftig weinig, eigenständiger Charakter, auch für besseres Essen

Fachhandel BS - La Vigna

Contadi Castaldi, Curtefranca	14,00	***	Yummy, eigenständiger Charakter, körperreich, Kräuter und Feigen
Fatalone Gioia del Colle	16,00	****	Yummy, für den Preis ein Spitzenwein, duftig, mächtig und doch elegant, charaktervoll

140

Piancarda rosso conero, Garofoli	11,00	****	Yummy, einfach ein großer Wein, weinig, satte Kirschen im Geschmack, kräftig

Fachhandel HH - 12 C

Barkan	12,00	***	Ein koscherer Wein mit subtiler Eleganz und Finesse, erinnert an guten Pinot Noir
Barolo, San Zenone	17,00	**	Fruchtig und körperreich aber Mangel and Komplexität und Eleganz, schöner Begleiter
Carraimbre	10,00	**	Jung und frisch, vegtible Noten in Geschmack und Bukett
Chateau Des Tours, Saint Crox du mont	15,00	**	Schöner fetter, buttriger Wein, aber die Süße und nicht die Eleganz steh im Vordergrund
Chateau Du Carillion	8,00	*	Sauber gemacht, Körper durchaus, guter Begleiter ohne große Höhen und Tiefen
Contado Aglianico, Di Majo Norante	9,00	***	Zarte Vanille- und Röstaromen, weich am Gaumen, ausgereifte Tannine, elegant
Don Camillo, Farnese	8,00	**	Okay, schwaches Bukett von Kirsch und Porree, Charakterschwach, ganz guter Begleiter
Edizione, Farnese	20,00	****	Göttlich, intensives Bukett, mächtig und dunkel, ausgewogen, fulminanter Geschmack
Elixir	12,00	***	Sehr gut, elegant und feingewoben mit Finesse
Enate, Somontano	13,00	**	Schokolade und Noten von feinem Marzipan, feiner Körper, noch etwas jugendlich

141

Felline, Primotivo di Manduria	8,00	***	Sehr gut, yummy, voller Körper, weinig, dunkle Farbe, fleischig und fruchtig
Gravello, Librandi	10,00	**	Zartbitterschokolade und Kirscharomen, mittelkräftig, etwas zu einfach
Hardys Priv. Bin, Cab. Sauv. U. Shiraz	8,00	*	Fruchtig mit Körper, aber kuschelweich u. ohne Charakter
l´atrappe-coeur	7,00	*	Kirsch-Yoghurt Noten in der Nase, fleischig fruchtig, aber nichts Besonderes halt
Marco real Homenaje	7,00	**	Eigenständiger Charakter, etwas leichter als Garofoli
Marques de la Villa, Tinto Roble	6,00	***	Schokoladig leicht rauchig, schmeckt nach schwerreifen Brombeeren, Charaktervoll
Morellino di Scansano, E. Banti	9,00	*	Schwaches Bukett von Kirsch und Schoko Minz, mittlerer Körper, charakterlos, Alltagswein
Piancarda rosso conero, Garofoli	11,00	****	Yummy, einfach ein großer Wein, weinig, satte Kirschen im Geschmack, kräftig
Pinot Noir, Maison Louis Latour	13,00	***	Sehr gut, eleganter typischer Pinot, gutes Preis-Leistungs-Verhältnis
Primitivo di Manduria, Sessantanni	19,00	***	Gut, körperreich, charaktervoll und mächtig und dunkel, aber der Edizione ist besser
Sangiovese Di Majo Norante	8,00	*	Okay, von allem etwas weniger wie bei dem l´atrappe
Santagostino, Firriato	14,00	**	Feines Bukett von Pflaumen aber schöner Körper mit Charakter
The Stump Jump, D´Arenberg	13,00	***	Sehr gut, eleganter, fruchtiger und voller Körper

Vertigo, Livio Felluga	14,00	***	Sehr gut, sehr gut, herrlich weiniger Wein, dunkle Farbe, fürs gute Dinner

Fachhandel HH - Passage

Baron de Ley Rioja Gran Reserva	24,00	*	So schlecht nicht, aber viel zu teuer, ein leichter eher dünner und charakterloser Wein
Beyerskloof	20,00	*	gut, Körper mittel, Bukett schwach, fruchtig aber kein Charakter und allg. zu schwach
Kanonkopp Kadette	10,00	***	Eigenständiger Charakter, schönes Bukett, vollmundig und ausgewogen, weich

Rewe

Brunello di Montalcion, Poggiotondo	27,00	**	Ein durchaus edler Wein, aber es fehlt das Besondere, zu teuer zudem
Casillero del Diablo, Concha Y Toro	7,00	**	Mittelkräftiger Cabernet mit Charakter, intensive rote Johannisbeere
Clos de los Siete, M. Rolland	15,00	****	yummy, wuchtig, tiefrot, Kräuter und Schokolade, Struktur und viel Charakter, superb
Corvo	6,00	*	Sauberer und einfacher Wein, klassischer Pasta- und Pizzawein
Gallo Cab. Sauv.	5,00	*	Ohne Ecken und Kanten, man kann nichst falsch machen, aber charakterloser Massenwein
Gallo Turning Leaf	7,00	*	Etwas ausdrucksstärker als der einfache Gallo, dennoch charakterloser Massenwein

Monasterio de Santa Ana	8,00	*	Gut gemachter Wein mit Charakter
Pommery Champagner	25,00	****	yummy, schön moussierend, harmonische Säure, frisch und prickelnd, Apfelnote
Rosso di Montalcino, Poggiotondo	12,00	****	Füllt kraftvoll den Mund aus, herrlich weinig, samtig und langer Nachhall

Hawesko

Amistani Guarda Rosato Frizzante	7,00	-	O Gott, dünner Perlwein, schmeckt billig und nur eiseiskalt bedingt genießbar
Andiamo Bianco del Veneto	5,00	*	Sauberer und einfacher Wein, aber mehr nicht, guter Pasta- und Pizzawein
Castillo de Alcoy Gran Reserva	7,00	*	Sauberer und einfacher Wein, aber mehr nicht, guter Pasta- und Pizzawein
Dom Martinho	9,00	*	Sauberer und einfacher Wein, aber mehr nicht, guter Pasta- und Pizzawein
Domaine De Sarret Chardonnay	4,00	*	Sauberer und einfacher Wein, aber mehr nicht, guter Pasta- und Pizzawein
Les Jamelles - Merlot	7,00	*	Sauberer und einfacher Wein, aber mehr nicht, guter Pasta- und Pizzawein
Merlot Cuvee Prestige	5,00	*	Sauberer und einfacher Wein, aber mehr nicht, guter Pasta- und Pizzawein
Vicomte de Ceaselbajac	6,00	*	Sauberer und einfacher Wein, aber mehr nicht, guter Pasta- und Pizzawein
Villa Antinori	14,00	**	Durchaus Charakter, gewisse Eleganz, aber zu wenig Körper

Villa Castello	7,00	*	Sauberer und einfacher Wein, aber mehr nicht, guter Pasta- und Pizzawein
Villa Marquez Tempranillo	6,00	*	Sauberer und einfacher Wein, aber mehr nicht, guter Pasta- und Pizzawein
Vinho Verde Vinhas Altas	5,00	*	Sauberer und einfacher Wein, aber mehr nicht, guter Pasta- und Pizzawein

rossmann

Gran del Mio - la mancha	4,00	*	Simpel gestrickt, aber korrekt gemacht, Alltagswein
Los Caminillos Vinhos de Madrid	3,00	*	Simpel gestrickt, aber korrekt gemacht, angenehm süffig
Val di luca - rosso piceno	4,00	*	Sauberer, einfacher Wein, weiche Tanninen, rote Früchte

Lidl

Chablis 1er cru	6,00	*	Okay, aber typischer eleganter Charakter fehlt, keine Finesse, Aktionsware
Champus	13,00	*	Kann man durchaus trinken, Mittelklasse
La Mancha	2,00	-	Oh mein Gott, sofort vernichten
Portwein Tawny Armilar	10,00	**	Angenehm, nicht zu süß, etwas zu starke Sherry Note, aber Aktionsware
Saint-Emillion Grand Cru	8,00	*	Sauber gemachter Wein, aber ausdruckslos, gut zu einfachen Gerichten
Sauvignon Blanc Rose Creek	6,00	*	Leicht buttrig und weich, angenehm spritzig, aber Aktionsware
Schwarzriesling, Felsenkeller Besigh.	4,00	-	Dünne, ausdruckslose Plörre

Edeka

Belcante Bio Wein Merlot	5,00	*	Gut, toller Begleiter, einfacher sauberer Wein, gutes Preis-leistungs-Verhältnis
Chateau Combray	6,00	*	Okay, Tannine weich, aber völlig ohne Charakter
Gallo Cab. Sauv.	5,00	*	Ohne Ecken und Kanten, man kann nichst falsch machen, aber charakterlos
Laudum Barrica Especial	6,00	*	Gut, mittelschwerer Körper, Struktur, Tannine, Geschmack, Säure, alles dabei
Laudum Bio	6,00	*	Mittelschwerer Körper, gefälliger, einfacher Wein
Pommery Champagner	25,00	***	Yummy, schön moussierend, harmonische Säure, frisch und prickelnd, Apfelnote
Solluna	4,00	*	Guter Begleiter, einfacher, gut gemachter Alltagswein

Ludwig van Kampff

Chateau Potensac	25,00	****	Yummy, Genuss und Vergnügen garantiert, ausgewogen und rund, herrlicher Bordeaux
Regolo, Sartori A8	11,00	****	Yummy, gehaltvoll, samtig, intensives Erlebnis, alles was ein Wein braucht

staples

Australischer Rotwein	5,00	*	Kann man trinken, ist aber kein Wein um deswegen extra zu staples zu fahren

Getränke Markt Hol Ab

Gran Albasit, Gran Reserva	6,00	*	Ordentlich gemacht, grundehrlicher Wein
Marques de Velilla Tinto Barrica	5,00	*	Pizza- und Pastawein, gefälliger, einladender Wein
Primitivo del Salento	5,00	*	Leichter, süffiger Wein, guter Begleiter, als Alltagswein
Toro Crianza Berrendo	7,00	*	Einfacher, sauberer Wein, guter Begleiter, als Alltagswein auch gekühlt gut
Trimontium Cabernet Sauvignon	4,00	*	Leichter, süffiger Wein, guter Begleiter, als Alltagswein auch gekühlt gut

Penny

Chateau Blaignan	5,00	*	Freundlicher und trinkbarer Alltagswein, aber keine Spur eines guten Cru Bourgeois

Ihr Peter Longueville

peterlongueville@yahoo.de

147

Herstellung und Verlag:
Books on Demand GmbH, Norderstedt
ISBN 978-3-8391-1896-2